Hans-Joachim Bittner

FAHR FAR AWAY
Mit dem Fahrrad von
Alaska bis Feuerland

Unterwegs mit Petra und Volker Braun

Hurra Hans-Joachim,

ja, los ... – raus mit dem Buch in die Welt, tausend Stunden Glück dabei,
herzlich, der A.A.

Mail von Bestseller-Autor Andreas Altmann / Mai 2013

IMPRESSUM
FAHR FAR AWAY
Mit dem Fahrrad von Alaska bis Feuerland
Unterwegs mit Petra und Volker Braun
Hans-Joachim Bittner

Bibliografische Information der Deutschen Bibliothek
Die Deutsche Bibliothek verzeichnet diese Publikation in der deutschen Nationalbibliografie.
Detaillierte bibliografische Daten sind im Internet über http://dnb.ddb.de abrufbar

© 2014 360° medien gbr mettmann I Nachtigallenweg 1 I 40822 Mettmann
www.360grad-medien.de

Redaktion und Lektorat: Andreas Walter

Satz und Layout: Serpil Sevim

Gedruckt und gebunden:
Westmünsterland Druck GmbH & Co. KG I van-Delden-Str. 6-8 I 48683 Ahaus
www.lensing-druck.de

Bildnachweis:
Alle Fotos stammen von Petra und Volker Braun, außer: Seiten 19 (unten), 21, 185, 206, 207,
212, 213, 214, 215, 217 (unten) und 220 von Hans-Joachim Bittner

ISBN: 978-3-9815717-7-6
Hergestellt in Deutschland

www.360grad-medien.de

Hans-Joachim Bittner

FAHR FAR AWAY
Mit dem Fahrrad von Alaska bis Feuerland

Unterwegs mit Petra und Volker Braun

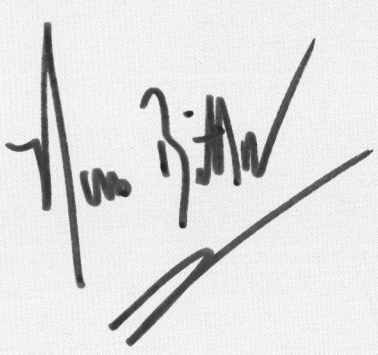

Für Felix,
herzlichen Dank
für's Interesse.
Viel Freude beim
lesen.

360° medien mettmann

Tourplan

„Lebe heute, denn du weißt nie, was morgen kommt"
Lebensmotto von Petra und Volker Braun

„A ship in a Harbour is safe, but this is not what ships are build for"
Grant M. Bright

„Denk nicht an mich, ich will auch mal allein sein"
Von Autor Andreas Altmann entdecktes Graffiti
(„Gebrauchsanweisung für die Welt")

„Dass der Mensch mit Widersprüchen lebt, macht ihn menschlich"
Reinhold Messner in einem Interview mit dem Autor

„Nur wo du zu Fuß warst, bist du auch wirklich gewesen"
Johann Wolfgang von Goethe

„Zeit – das ist Glück. Nicht Geld."
Abtprimas Notker Wolf

„Touristen denken bei der Ankunft an die Rückreise,
der Reisende wird möglicherweise nicht zurückkehren"
Paul Bowles

„Jeder Tag ist eine Reise, und die Reise selbst das Zuhause"
Dirk Rohrbach

„Es muss nicht immer das Überhöhte sein, das Exzellente, das Elitäre, das Grandiose"
Gerhard Polt

Prolog

„Hier stinkt's." Mein Sohn übertreibt maßlos. Käse stinkt nicht. Nicht für all jene, die ihn mögen. Es ist 6.37 Uhr, seit zwei Minuten Vater-Sohn-Aufwachzeit. In einer verregneten Nacht hat sich „Geruch" niedergelassen. Ich habe am Abend zuvor zwei Fehler gemacht: ein kleines Stück Schweizer Esskultur nicht vernünftig mit Frischhaltefolie umwickelt und obendrein auch noch außerhalb des Kühlschranks liegen gelassen. Der Duft – niemals Gestank – hing sich ein. Die wenigen Quadratzentimeter festgewordener, kleinlöchriger Milch: Für mich schlagartig Grund genug, davon zu schweben, Pläne zu schmieden, nach dem nächstliegenden Reiseführer aus dem Privat-Archiv geballter Länderkunde zu kramen. Rasend schnell kommen und gehen sie, die Träume. Weit ab der Heimat. Selbst wenn sie so nah ist, die Schweiz, meinem Zuhause so ähnlich, gewaltiger gewiss, und doch in vielem so gleich. Ein kleines Stück gelben Hartkäses, jetzt brav in Alufolie gefangengenommen, lässt meine nur latent verwelkte Reiseleidenschaft – der letzte Trip ist schon etwas her – aufblühen. Von jetzt auf gleich.

Die Lust ruhte nicht durchgreifend: Das Unterwegssein, das Wegsein, Fernsein, das Reisen. Nicht „Urlaub machen", am Strand liegen, in zwei Wochen Adriaküste links und rechts nur dicke Hotelmauern, vorn heißer gelb-brauner schattenloser Sandstrand, unmittelbar an flachem, windlosem Langweiler-Meer angrenzend, kaum Schiffsverkehr, im Rücken betonertränktes, ödes, vertrocknetes Hinterland. Gerhard Polt hat's in seinem „Man spricht deutsh" im Regen-Sommer 1988 auch Stubenhockern notorisch präsentiert. Maßvoll überzogen, zweifelsfrei realitätsbehaftet. Sonne satt, durchaus. Die Sehnsucht nach ERleben: ewig hungrig geblieben. Urlaub nein, Reisen ja: Länder kennenlernen, ihre Kulturen, Sitten, Bräuche, einzigartige Landschaften samt inhaltsreichem Leben, Menschen und Natur. Dabei sein, dazwischen sein, so viel sehen, Gutes schmecken, Weites spüren, grenzenlos fühlen. Dazwischen ist genügend Raum. Um faul zu sein. Ein zu Buch lesen, in Ruhe, einen Andreas Altmann empfinden, wie er von seinem Endlos-Getriebensein erzählt. So packend. Reisen als Leidenschaft, Wohlgefühl, Lebensfreude, Rast und Ruhepol, mehr als nur Hobby. Horizonterweiterung. Ein vergessenes Stück Schweizer Käse reichte: Schon entfachte neue Entdeckerlust.

Auch für Bajuwaren gibt's ein „unten"

„Ihr da unten (habt ja immer viel Schnee im Winter)", schrieb mir unlängst ein Freund aus Mettmann im Rheinland. Wir da unten? Also! Gegen „unten" ist ja zunächst nichts zu sagen – wobei diesem „unten" schon auch etwas Erniedrigendes anhaftet. Es ist Umgangssprache, das Landkartendenken, der flüchtige Atlantenblick, im Volksmund, der meist ja nur nachplappert, was er irgendwo aufgeschnappt hat. Wir wissen: Die Erde ist eine Kugel, nicht hundertprozentig rund, das nicht, ein wenig ellipsenförmig, das schon. Aber im Großen und Ganzen doch eine Kugel – nicht oben ohne, aber eben ohne oben oder unten, links oder rechts.

Dennoch fahren wir Reichenhaller/-innen nach Salzburg „umme" oder „nüber" (hochdeutsch „rüber"), nach München „auffe" (rauf), in die Stadt (wer außerhalb wohnt) oder nach Berchtesgaden „nei" beziehungsweise „eini" (rein), nach Freilassing „naus" (raus) und – ja tatsächlich – nach Italien „obe" (runter). Also: Auch wir Bayern haben ein „unten". Zum Glück.

Ich fahre gern weg, mag das Startfeeling, egal ob umme, auffe, nei, eini, naus oder obe. Das spielt keine oder sagen wir eine relativ untergeordnete Rolle. In den letzten Jahren verlagerte sich das zuvor meist obe eher in ein auffe. Der Norden hat es mir mittlerweile weit mehr angetan, als der in Kindheitstagen gleichermaßen aufgezwungene wie abgegraste, oft doch identische Süden. Irland, Skandinavien, ja schon der deutsche Norden kommt meinen Fotografen-Vorstellungen vom „perfekten Licht" oft sehr viel näher als das mitunter recht sommer-dunstige Italien. Griechenland nicht: Das faszinierende Kontrast-Farbenspiel kalkweißer Kykladen-Inselhäuschen vor tiefem Ägäisblau konnte bislang kein anderer Ort toppen.

Ganz „hinten", ziemlich weit „unten", schlug ein Land dennoch alles: 23 Stunden „umme" und „obe fliagn", bis Neuseeland, war zwar hart, aber mein bislang erreichtes „Ende der Welt" lohnte sich überproportional, jede Sekunde – von oben bis unten, von „herent" (hier) bis „drent" (drüben). Die südlichsten Südinsel-Einheimischen habe ich im Februar 2011 dennoch nicht gefragt, was für sie „unten" noch kommt.

Neuseeländischer Sonntag

Wir parken ohne Suche, Stehenbleiben verbotsschildfrei. Abseits aller Tourismusströme. Keine zwei Meter von jener Stelle, an der das vom lauen Sommerwind leicht kräuselnde Wasser des Lake Rotoma die bunten Kieselsteine zart benetzt. Raus aus dem Miet-Mitsubishi Space-Runner 4WD mit Schaffänger (eigentlich Kuhfänger, aber das braucht in Neuseeland kein Mensch), runter mit T-Shirt und Short, rein ins schwarze Kristallbecken. Frische 18 Grad hier drinnen, über 30 knapp drüber. Aushalten. Durchatmen. Kühle spüren. Auf

der Haut, jedem Quadratzentimeter. Genuss. Kein Mensch weit und breit be-
obachtend. Kein Strommast stört den reinen Luxus-Naturblick, sattes Waldhü-
gelgrün und kräftiges Himmelszeltblau beherrscht. Nichts unterbricht. Paradies
am Sonntagnachmittag. Auch mal Alleinsein. Kurze Gedanken, an Europa,
das vermeintliche Zentrum, den Massenabfertigungsbetrieb. Dort mal Alleinsein. Unmöglich fast, mittlerweile.

Luxus Zeit

Reisen – der Luxus – bedeutet für mich viel, und doch ist es so einfach: „Zeit
haben". Zeit für Dinge, die im Alltag untergehen, zu kurz kommen, Zeit, die
man sich nicht nimmt, warum auch immer. Zeit für Beobachtungen, ohne vo-
yeuristisch daherzukommen. Sehen, wie andere leben. Was sie tun, um ihrem
Leben Sinn, welchen auch immer, zu geben. Ohne nach dem eigenen Sinn des
Lebens suchen zu müssen, ohne dem eigenen Leben gerade überhaupt Sinn
geben zu müssen. Trotzdem entdeckungsbereit. Und: Einfach nur da sein und
bleiben, das Menschsein fühlen, nicht weiter müssen, einatmen, ausatmen,
gespannt entspannen, sehend schauen und Leben leben. An einem frühen
Morgen auf den hohen Klippen Santorins: die weißen Kapellen, die strahlend-
glänzenden Kreuzfahrtschiffe, das Azur-Meer, Mediterran-Feeling, im Pistazi-
en- und Oliven-Land. Einen Nachmittag lang in einem Café in der Londoner
Irving-Street: dem Treiben zuschauen, den gestressten Bankern und anderen
Krawattenträgern, den lauten Gauklern und konzentriert-lockeren Straßenma-
lern, den probenden Musical- und Theaterstars, den zerstreuten Obdachlosen
und Allerländerherren. Ein Abend in der Bucht des „französischen" Küsten-
Städtchens Akaroa: im Schatten der grellrot leuchtenden Pohutukawas („Weih-
nachtsbäume") den neuseeländischen Skippern beim Abtakeln beiwohnen,
nicht ohne vorab bei Kapitän Romantik auf der Fox II selbst hinter Hector-Del-
finen hergesegelt zu sein ... – oder, gar nicht so „fahr far away", die heimelige
Sommerfrischler-Atmosphäre des stets rausgeputzten Salzkammergut-Dorfes
Strobl am Wolfgangsee kennenlernen und aufsaugen: Alte Villen-Welt, schatti-
ge Alleen, urige Kaffeehäuser, alt-österreichische, jegliche Klischees erfüllend.
ERleben ist überall möglich.

Ungeplant

„Wir planen Ihre perfekte Reise", lese ich an einem grauen Dienstagabend in
der Reichenhaller Fußgängerzone und könnte blindlings auf den versprochenen
Sonnen-D-Zug aufspringen. Um im nächsten Augenblick eilig davonzurennen
und laut rauszuschreien: „Bitte alles, nur das nicht". In einem kleinen Pavillon

sitzt einer dieser gemütlichen „Reiseplaner" und verhökert Kaffeefahrten zum Wilden Kaiser. Er wirbt mit diesem „besonderen" Spruch. Marke „besonders unerfüllbar". Denn was ist erstens schon perfekt? Jeder Erdenbürger definiert das für sich differenziert, individuell. Und warum muss es zweitens überhaupt „perfekt" sein, das Wegfahren, das Wegsein, das Urlaubmachen, das Reisen, das Zur-Not-Tourist-Sein? Wäre der perfekte Aufenthalt in fremden Ländern nicht unglaublich langweilig? Abgesehen davon, dass er bei allen Unwägbarkeiten – gerade on Tour – ohnehin niemals möglich ist, der perfekte Urlaub. Irgendetwas ist doch immer, das einem nicht so sehr behagt – je nachdem, wie intensiv man sich auf Störfeuer einlässt. Und Reiseplaner Karl-Heinz möchte mir den Urlaub immer noch perfekt machen: „Guten Tag, ach was, ach so, ja, jetzt weiß ich es, was genau Ihnen am Adriastrand, ja exakt dort, gut tut. Ich weiß es ganz genau". Meine Zweifel sind berechtigt. Nein, ich möchte nicht, dass mir jemand meine Route strickt und diese womöglich noch selbstbewusst mit Attributen wie „geplant" oder „perfekt" einpackt. Verschlossen und versiegelt. Nein, bitte bloß das nicht. Ich will nicht mal urlauben, ich will reisen, Unerwartetes, reichlich Neues, belebend Überraschendes, auch Unvorhergesehenes, viel Frisches und erstaunlich Kurioses, will Unplanbares ERleben. Will bleiben, wo ich SEIN kann. Stehen, wo ich SEIN darf. Sitzen, wo ich SEIN finde. Sehen und Staunen, wo ich will. Autark. Ohne Cicerone, der in bester Absicht meint, mir könnte es hier oder dort, womöglich sogar oben besser als unten oder rechts besser als links gefallen.

Darum mein abschließender Tipp für alle, die mit wachen Augen SEHEN wollen, die mit offenen Ohren HÖREN wollen, die mit leisem Mund STAUNEN, mit langsamen Schritten GEHEN, mit wachem Verstand BLEIBEN und mit glühendem Herzen ERLEBEN wollen: Reist! Vorurteilsfrei. Voller Interesse. Mit Bedacht. Nicht triumphierend – „hurra, wieder ein Land erobert" –, sondern bescheiden, nicht polternd, sondern auf bedächtigen Sohlen, nicht verbrauchend, sondern Ressourcen schonend, nicht fordernd, sondern respektvoll und wenn nötig mit gebührendem Abstand.

Ja, Herr Altmann und alle da draußen: Ich will weltwach sein. Immer, überall, in jeder Lebensphase.

Hans-Joachim Bittner

Petra

Im März 1967 wurde ich in Neuwied im Rheinland geboren. Mit 23 Jahren hat es mich nach Bayern verschlagen. Dort habe ich eine Ausbildung zur Altenpflegerin abgeschlossen und Volker kennengelernt. Nach dreieinhalb Jahren haben wir geheiratet.

Als Kind war ich mit meinen Eltern und den beiden Brüdern an den Wochenenden viel in den umliegenden Wäldern unterwegs. Zu Fuß. Ich erinnere mich,

Petra

dass ich das Spielen im Freien dem Drinnensein immer vorgezogen habe. Ja, ich hatte eine schöne Kindheit. Wir lebten mit meiner Oma in einem Haus. Platz gab es im Garten zur Genüge. Dafür fielen die Räumlichkeiten etwas kleiner aus. Ein eigenes Kinderzimmer, wie man es heute kennt, gab es nicht. Ich teilte mir mit meinem zwei Jahre älteren Bruder das Wohnzimmer zum Schlafen. Es war mit zwei Schrankbetten ausgestattet. Mein drei Jahre jüngerer Bruder hatte die Freude, mit im elterlichen Schlafzimmer zu sein.

Unsere Küche war auch nicht übermäßig groß für eine fünfköpfige Familie. Und dennoch war für Freunde und uns immer noch Platz genug zum Basteln und Spielen.

Als Jugendliche hatte ich mit Natur oder Sport nicht viel zu tun, da waren Kneipentouren und Rumgammeln angesagt. Mit Volker habe ich dann den Sport und das Reisen entdeckt.

Volker

Ich wurde im Mai 1958 in Köln-Fühlingen geboren. Ich lebte mit meinen Eltern und meiner Schwester an einem kleinen Baggersee in der Nähe Kölns. Unser kleines Haus hatte nicht einmal einen Wasseranschluss. Mit einer gusseisernen Pumpe wurde Grundwasser aus dem Boden gepumpt, und jeden Samstag wurde in einer Plastikwanne gebadet.

Unser Anwesen lag hinter einem militärischen Sperrgebiet. Um in den nächsten Ort zu gelangen, mussten wir einen Kontrollposten passieren. Für uns Kinder war das toll, denn es gab keinen Durchgangsverkehr und viel Platz zum Spielen, einen eigenen Kiesstrand am See und große Wälder. Oft sind wir morgens aus dem Haus und erst abends wieder zurück.

Mit meinen Eltern bin ich bis zum 16. Lebensjahr immer in den Bayerischen Wald in den Urlaub gefahren. Dort haben wir an einem abgelegenen Bauernhof gezeltet und sind viel gewandert.

Volker

1984 habe ich eine Ausbildung zum Sozialpädagogen gemacht und war danach viel im Erlebnissport tätig, zum Beispiel beim Sportklettern. Mit 18 habe ich erste kurze Radreisen begonnen – einmal von Köln bis Oslo. Dabei habe ich mich aber nie sonderlich wohlgefühlt, weil mir jemand fehlte, mit dem ich meine Erlebnisse teilen konnte. Das Alleinreisen hat mir keinen Spaß gemacht.

1988 habe ich eine therapeutische Zusatzausbildung als Tanz- und Bewegungstherapeut abgeschlossen. Im gleichen Jahr bin ich nach Berchtesgaden gezogen und habe stets viel Ausdauersport betrieben: Marathon und 100 Kilometer-Läufe, Triathlon, Skibergsteigen ...

1992 habe ich Petra kennengelernt. Wir entdeckten unsere Freude an Fernreisen. 1999, rund 20 Jahre nach meiner ersten Radreise, unternahmen wir unseren ersten Fahrradurlaub – und ich war froh, nicht mehr allein reisen zu müssen.

Ungemütlicher Start bei Schnee-, Graupel- und Regenschauern – erster kleiner Halt nach wenigen Kilometern bei einem Supermarkt in Piding bei Bad Reichenhall.

Startschuss: Jeden Abend ein Glas Wein musste sein

Sie leben zusammen, lachen zusammen, freuen sich zusammen ihres Tuns – und haben dabei eine ganz eigene Art gefunden, all das auch gemeinsam zu genießen. Denn hin und wieder steigen Petra und Volker Braun zusammen aus, lassen fast alles hinter sich: ihr Haus, Bad Reichenhall, Deutschland, Europa. Wenn genug zusammen gespart ist, wird kurzum eine Route ausgetüftelt, die Jobs auf Eis gelegt und wenig später losgeradelt: Tausende Kilometer, in bekannte Ecken dieser Erde genauso wie in entlegene, richtig einsame, touristisch unerschlossene. Monate war das Duo schon ohne Unterbrechung unterwegs, einmal zwölf am Stück. Doch was im April 2011 bevorstand, war selbst für die gebürtigen Rheinländer neu: 20 Monate gönnten sie sich für die Route Anchorage (Alaska)-Feuerland (Argentinien/Chile) und wagten sich 2011 damit in letztlich gut 600 mal mehr, mal weniger exponierte Tage.

13. April: Zeitdruckfreier Start an einem Mittwoch: Die mit Gepäck je 50 Kilo schweren Bikes warteten startklar vor der Haustür. Über Österreich ging's zunächst nach Tschechien, denn „da waren wir noch nicht, und Prag interessierte uns einfach". Petra unterstrich die Freiheit, die sie sich mit ihrem Volker geschaffen hatte. Vor vielen Jahren. Nach der Goldenen Stadt kam Dresden dran, Fulda als Zwischenstation, dann Leutesdorf bei Neuwied. Der letzte Besuch bei Petras Eltern und Geschwistern, das letzte „Hallo" vor der großen Überfahrt.

21. Mai, kurz vor Elf: Aufruf für den Flug ab Frankfurt am Main, Hessen, Deutschland. Nach Anchorage (Alaska, USA). Nonstop. Neun Stunden sitzen, ausharren, Adrenalin, Vorfreude, der Kopf voller Gedanken, Querbeet.

Reset-Taste für das Neustart-Leben

Am „Ankerplatz" (Anchorage) schlugen sie keine Wurzeln. „Großstädte gehören nicht unbedingt zu den Dingen, die wir lieben." Sofort ging's auf die Räder, voll bepackt, schwere Pedaltritte, Sitzfleisch bildend. Entlang der nordamerikanischen Rocky Mountains, dann Mittelamerika, einmal durch, später runter, in den Südkontinent, fast bis ans sagenumwobene Kap Hoorn. 20 Monate, fast 29.000 Kilometer, in 14 Ländern. Ohne Druckspur: „Und sollten wir das alles nicht schaffen, geht die Welt nicht unter", sprachen sie's vorab

Petras Gemüt entsprechend aus: „Wir lassen es auf uns zukommen." Mut bewiesen die beiden. Mehrfach. Respekt gebührt so viel Courage, zunächst geplante 730 Tage alles hinter sich zu lassen, ja, dieses Zeitfenster auszusteigen. Das Leben auf zwei Räder und ein geräumiges Zelt runterzufahren. Es ist mehr, als nur die Reset-Taste zu drücken: „Dafür sind die Erlebnisse zu einzigartig, fürs Leben." Neustart-Leben.

Die Räder blitzblank geputzt ging's am 23. Mai 2011 in Anchorage los – die Sonne strahlte und freute sich mit Petra und Volker.

Das Reise-Gen hatte sie während der ersten gemeinsamen Unternehmungen Ende der 90er-Jahre gepackt. Monatelange Touren in die unterschiedlichsten Regionen des Erdballs brachten die Brauns aus Bad Reichenhall mit vergleichslosen Eindrücken hinter sich: Endlose Weiten des nordamerikanischen Kontinents, tropische Hitze-Rekorde Südostasiens oder die lange Strecke vom südlichsten Oberbayern ans Nordkap (Norwegen) und zurück. Europa war längst abgegrast, bei Volker oft Irland: „Das war mir irgendwann aber doch zu kalt und zu nass". Preisgünstig, unabhängig, bleiben wo man will ... – für Petra und Volker längst unverzichtbare Unabhängigkeiten.

Kartoffeläcker ade

Volker, der Kölner, und die in Neuwied geborene Petra verlegten ihren Wohnort unabhängig voneinander ins Berchtesgadener Land: „Hier ist es einfach schöner als auf den rheinländischen Kartoffeläckern." 1990 lernten sie sich kennen, zwei Jahre später lieben. Und nach eher „normalen Rucksack-Reisen" entdeckten sie erst 1999 ihre Leidenschaft: Auf dem Rad die Welt erleben. Buchautor Tilmann Waldthaler kurbelte mit seiner „Äqua-Tour" vor allem bei Petra die Lust aufs Intensiv-Ausleben kräftig mit an. Was folgte, war nicht mehr zu bändigende Abenteuerlust.

Die letzten Tage daheim.

„Eine positive Einstellung zu dem, was man tut", Volker muss nicht überlegen, um die wichtigste Eigenschaft zu nennen, derartige Touren zu wagen und damit die eigenen Träume zu leben. Auch Wagnisse, da ein Rad kaum Schutz bietet: Die Zwei waren jedem Wetter, unzählbaren Gefahren im mitunter chaotischen Verkehrsgeschehen, in den Nächten jeglichen Launen der Natur und einer permanent wechselnden Tierwelt ausgesetzt. „Das machte es gerade so spannend", vier Augen beginnen zu glänzen. Und obwohl natürlich auch stets gefährliche Krankheiten lauerten, Volker erwischte schon zweimal die Malaria, konnten sie sich bislang kaum vorstellen, ihrem Reisedrang irgendwann abtrünnig zu werden.

Druckfrei weiterradeln nicht ausgeschlossen

Ein festes Budget, konsequent, diszipliniert, enthaltsam zusammengespart, ist auf zwei Jahre ausgelegt. Danach wollten die beiden ganz locker weitersehen und -planen. „Sollten wir zurückkommen, egal wann, suchen wir uns Jobs und kehren ganz schnell zurück in den Alltag." Das eigene Haus daheim, in Bad Reichenhall, wurde derweil einem ehemaligen Arbeitskollegen Petras überlassen. Mietfrei, zum Strom, Wasser- und Müll-Selbstkostenpreis. Dafür hielt er es in Schuss.

Rund 300 Zeltnächte, mal klirrend kalt, mal glühend heiß, standen den beiden Abenteurern im Mai 2011 bevor.

Petra und Volker konnten sich zunächst auch vorstellen, nach der (ursprünglichen) Zieldurchfahrt in Ushuaia, weiterzuradeln: Durch Brasilien, dann rüberfliegen nach Afrika, rein in den Senegal, rauf in den Norden des heißen Kontinents und via Spanien zurück in heimische Gefilde. Die Verlängerung hätte womöglich rund acht Monate in Anspruch genommen. Druck, egal welcher Art, waren und sind der Altenpflegerin und dem Sozialpädagogen fremd.

In Sachen Weltreisen sind die Brauns alte Hasen, haben den Erdball längst umrundet. 70.000 Kilometer rund, nicht nur abgespult. Rechts und links alles wahrgenommen. Was sich während der Reisen daheim so alles abspielt, bekommen sie ohne technischen Schnickschnack nur am Rande mit. Als 2006 die Eishalle in Bad Reichenhall einstürzte und 15 Menschen starben, waren sie gerade in Laos – und erfuhren durch puren Zufall durch eine englischsprachige Zeitung, die in einem Laden plötzlich vor ihnen lag, von diesem Unglück.

Im Jetzt leben

Radschild.

Das Paar hat stets einen großen zentralen Reisewunsch in den Satteltaschen: „Gesund bleiben, denn daran hängt alles." Schlimmere Krankheiten oder Verletzungen könnten die Braun'schen Pläne abrupt stoppen. An derartige Szenarien verschwendeten sie jedoch keinerlei Gedanken – genauso wenig wie an die Altersvorsorge: „Ich mache mir keinen Kopf um meine Rente", so Volker, „weil ich im Jetzt lebe und genieße." Das einfache, sparsame Leben, oft in völliger Wildnis, meist ohne jeglichen Komfort, ein bisschen Holz zusammengesammelt, um das Essen zuzubereiten ... – das ist das, wovon die Brauns nicht nur träumen. Sie tun es. „Unter freiem Himmel schmeckt es doppelt gut", freuten sie sich zu Beginn auf die Abgeschiedenheit Alaskas. Volker überlegte noch, ob er einen kleinen Campinghocker mitnehmen sollte: „Das wäre reinster Luxus gewesen." Jedes noch so geringe Gewicht wollte gut überlegt sein, schließlich musste alles auf dem Rad mitgezogen werden.

Das Tandem verzichtete auf vieles und vermisste zu Beginn nichts. Nicht ein Buch – der Reiseführer ausgenommen – befand sich in den Taschen. Petra: „Bei so vielen Erlebnissen habe ich gar keine Zeit zum Lesen." Alles „wirklich Wichtige" haben die erfahrenen Globetrotter dabei: eine gute Salbe fürs strapazierte Gesäß („Nach einer Woche spürt man ohnehin nichts mehr"), eine funktionierende Mücken-Abwehr gegen Alaskas Plagegeister, einen MP3-Player („Musik ist wichtig") und ein Drei-Mann- beziehungsweise Frau-Zelt: „Das gönnten wir uns, weil wir uns nach einem Tag auf dem Sattel richtig ausstrecken wollten". Und noch etwas war richtig wichtig: „Ein Glas Wein an jedem Abend, das musste einfach sein". Am liebsten weiß und trocken.

Tausche Alltag gegen Zeit

Alles Materielle steht für beide in keiner Relation zum Zeitfaktor: „Für uns der größte Luxus. Wir nehmen uns die Zeit, leisten uns diesen Luxus. Es ist sagenhaft, sie letztlich geschenkt zu bekommen. Die Zeit. Wir tauschen Acht-Stunden-Arbeitstage gegen 15-Stunden-Erlebnistage."

Bei all der Abenteuerlust leugnen Volker und Petra nicht, schon auch echte Leidenschaft für die Heimat, das Zuhause entwickeln zu können: Das eigene Bett, der heimische Herd, arbeiten, kurz Alltag. „Dinge, die wir nach einer Reise sehr genießen."

Nordamerika

USA

Inuvik

Fairbanks
Dawson

Anchorage
Whitehorse

KANADA

Fort Nelson

Edmonton

Calgary

Vancouver

Seattle

Portland

Denver

San Francisco

Las Vegas

USA

Tijuana

MEXICO

Culiacán

La Paz

Guadalajara

Mexico City

Oaxaca

HONDURAS

Guatemala City

San Salvador

Managua

mit dem Fahrrad
mit anderen Verkehrsmitteln

1000 km

Südamerika

NICARAGUA
Managua
Cartagena
San Jose
Panama City
VENEZUELA
Medellin
GUYANA
SURINAM
KOLUMBIEN
Quito
ECUADOR
Belém
Piura
PERU
Huánuco
BRASILIEN
Rio Branco
Lima
Cusco
BOLIVIEN
La Paz
Brasilia
Potosí
CHILE
PARAGUAY
Rio den Janeiro
Salta
Asunción
Porto Alegre
Mendoza
URUGUAY
Montevideo
ARGENTINIEN
Temuco
San Carlos de Bariloche
Rio Gallegos
Punta Arenas
Ushuaia

1000 km

Deutschland: Zelten, schlafen und kochen bei Temperaturen unter null Grad.

Startschwierigkeiten: Nach elf Tagen wäre die Reise beinahe zu Ende gewesen

Am 13. April 2011 verabschiedeten sich Petra und Volker bei Schneetreiben und Temperaturen um die drei Grad von ihren Freunden, dem kleinen Häuschen in Bad Reichenhall und den vielen kleinen Annehmlichkeiten des Alltags. „Die ersten Tage waren reine Quälerei, und die 50 Kilogramm schweren Räder nicht leicht zu händeln. Jeder noch so kleine Hügel kostete uns unheimlich viel Kraft. Die Gelenke schmerzten, Petra hatte erhebliche Knieprobleme. Und ich habe mich gefragt, was wir hier überhaupt machen."

Die ersten drei Länder durchquerte das Rad-Duo überwiegend auf Flussradwegen: Saalach, Inn, Donau, Moldau, Elbe, Saale, Werra, Fulda, Lahn, Rhein. „Mit Freunden haben wir uns in Rammenau bei Dresden und in Fulda getroffen. So waren wir der Heimat immer noch nah."

Petras Kopf hält 120 Kilogramm stand

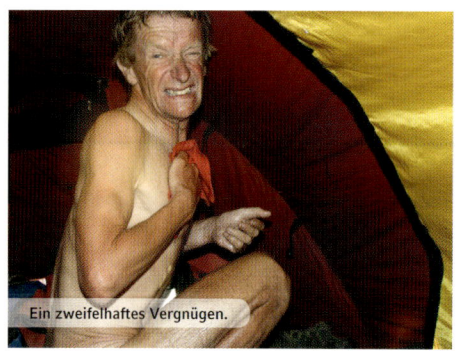

Ein zweifelhaftes Vergnügen.

Am 24. April schien die gerade erst begonnene Reise ein vorzeitiges und vor allem frühes Ende zu nehmen: Auf einem kleinen gewundenen Radweg an der Elbe rutschte Petra in einer Schlammpfütze mit dem Vorderrad weg, stürzte und kam unmittelbar vor Volker zum Liegen. Der konnte nicht mehr bremsen und rauschte mit voller Wucht über den Kopf seiner Frau. Der Helm fing glücklicherweise einen Großteil des Aufpralls ab – und so kam es bei Petra, einem Wunder gleich, lediglich zu ein paar Stauchungen, Prellungen und Hautabschürfungen. Schließlich donnerten rund 120 Kilogramm (Rad mit Gepäck und Volker) über ihren Kopf. Ein Ereignis, das schlimmste Folgen hätte nach sich ziehen können.

Am 11. Mai erreichten die beiden nach 1.950 Kilometern Leutesdorf in der Nähe Neuwieds (Rheinland-Pfalz). „Bei Petras Eltern konnten wir erst mal pausieren, da der Arzt bei ihrem Knie eine Schleimbeutelentzündung diagnostiziert und Ruhe verordnet hatte. Das warme Bett nach zuvor permanent feuchten Zeltnächten – nasskalte Flusstäler und Nachttemperaturen bis zu minus vier Grad – haben wir sehr genossen."

Glück am Mount McKinley

„Am 21. Mai sind wir dann nach Anchorage geflogen, am 23. Mai begann mit dem Radelstart in der größten Stadt Alaskas unser eigentliches Abenteuer." Doch statt sofort den Süden anzupeilen, bewegten sie sich zunächst in nordöstliche Richtung mit Ziel Denali-Nationalpark und Mount McKinley, 6.194

Alaska: Traumstraße zwischen Jasper und Banff.

Meter hoch, Nordamerikas Berg-König. „Nur selten hat man klare Sicht auf sein Massiv – wir hatten fünf Tage lang Glück." Vom kleinen Ort Talkeetna *(Bedeutung: „Ort, wo am Fluss Nahrung gelagert wird"/ Anm. d. Autors)* schauten die zwei Reichenhaller auf die schneebedeckten Flanken und endlosen Gletscher über den Susitna River. Ein einmaliger Ausblick nur 100 Meter vom Zeltplatz entfernt. Temperaturen bis 27 Grad luden zum Baden in den Seen ein, was mangels Dusche doppelt gut tat. „Vor rund zwei Wochen war hier noch Winter und einige Flüsse trugen bis zu zwei Meter dickes Packeis. Wir genossen die Mitternachtssonne und konnten radeln, so lange wir wollten."

Volker als „Santa Claus"

Mit der Ankunft in Kanada verließ die Brauns das Wetterglück: „Wir waren ständig Regenschauern ausgesetzt und kamen mit dem An- und Ausziehen kaum noch nach. Das Zelt wurde nicht mehr richtig trocken. Und so waren wir froh, nach 40 Zeltnächten am Stück in Nordamerika die Schweizer Bruno und Ursi kennenzulernen. Sie betreiben eine Gästefarm in Hazelton (British Columbia) und nahmen uns für eine Nacht auf. Während es draußen regnete, genossen wir bei gutem Essen und Wein ihre Gastfreundschaft und lauschten spannenden Geschichten von Bären, die versuchten, in die Vorratskammern der Häuser einzudringen." Bis hierhin hatten Petra und Volker 21 Bärenbegegnungen, allesamt am Straßenrand, in unmittelbarer Nähe zu ihren Rädern.

„Würden wir durch die am Rad befestigten Glocken nicht so viel Lärm verursachen, wären es bestimmt noch viel mehr gewesen." Die Kanadier verliehen Volker bereits den Beinamen „Santa Claus".

Zur Sicherheit im Lieferwagen

„In einem Café im Yukongebiet empfahl uns Besitzerin Irene wärmstens, in ihrem alten Lieferwagen zu übernachten, da ein Grizzly mit seinen Jungen ums Dorf schleiche." Zur eigenen Sicherheit der zahlreichen Camper wird dazu geraten, die Lebensmittel und Kosmetikartikel in Bärencontainern zu verstauen oder mit einem Seil an einem Baum hochzuziehen. Da die Schwarzbären gute Kletterer sind, eine meist sinnlose Aktion, da passende Bäume schwer zu finden sind. „Die Lebensmittel blieben so aber dennoch besser erhalten, da es unseren Essensbestand vor unseren nächtlichen Hungerattacken schützte."

Ungemütliche, aber sichere Schlafstatt auf der Ladefläche eines alten Lieferwagens.

Achtung Bären: Schutzmaßnahmen in Kanada.

Essen und Trinken avancierte aufgrund der miserablen Versorgungslage, besonders in Kanada, ohnehin zum Dauerthema. Häufig musste das Rad-Tandem für Entfernungen von mehreren 100 Kilometern Proviant mitnehmen: „Wenn wir in den USA nach eineinhalb Stunden einen Supermarkt verließen, waren wir schwer bepackt."

Frühlingsbeginn in Alaska.

1. Etappe: Dazwischen ist es oft viel interessanter

Petra, Volker, Ihr brecht immer wieder mal fast alle Zelte daheim ab, um exakt jenes hundertfach in anderen Ländern – weit weg von daheim – auf- und wieder abzubauen. Dabei werft Ihr viele gewohnte Prinzipien unserer Gesellschaft einfach über den Haufen und werdet häufig als „verrückt" bezeichnet. Seht Ihr Euch selbst auch ein wenig so?

Als wir im April 2011 bei Schneetreiben gestartet sind, haben wir uns natürlich auch gefragt, ob wir wahnsinnig sind. Wir könnten schön in einem warmen Büro sitzen, unsere Arbeit tun und uns abends vor dem Fernseher ausstrecken. Stattdessen geben wir alle Annehmlichkeiten auf und starten ins Ungewisse. Verrücktsein – nicht nur ein wenig – ist wohl eine der Grundeigenschaften, um

Ergebnisse einer gemütlichen Nacht in den Neuen Bundesländern: Gefrorene Unterhosen und eine rote Nase.

eine solche Reise durchzustehen.
Eure bislang längste Reise, 20 Monate, führte Euch nach Nord-, Mittel- und Südamerika. Warum gerade dorthin?

Die USA lockten uns ganz einfach immer wieder magisch an. Ein weiterer Aspekt war die lange Strecke, die wir dort problemlos „durchfahren", also bewältigen konnten. Auch das Durchqueren aller fünf Klimazonen mit sagenhaften Landschaften, kaum Leerlauf mit längeren Abschnitten unattraktiverer Gegenden – all das ergab letztlich den Ausschlag für unsere Entscheidung.

Auch die Route Russland-Honkong hattet Ihr im Auge?

Die verwarfen wir aber schnell wieder. Die größten Probleme hätten wir mit den Visa gehabt. Oft reicht ihre Gültigkeitsdauer nicht aus, um sich die Länder Kirgisistan, Kasachstan und Russland auch in Ruhe anzuschauen. Außerdem erschien uns die Route Alaska-Feuerland abwechslungsreicher.

In den Rocky Mountains, USA.

Wie lange habt Ihr Euch auf die Panamericana zwischen Alaska und Feuerland vorbereitet?

Nicht mehr als sechs Monate zuvor gingen wir es langsam an, buchten als ersten Schritt den Flug. Wir mussten nicht alles auf einmal erledigen, hatten reichlich Zeit. Vieles war schnell gemacht. Die Ausrüstung hatten wir größtenteils auch schon seit etlichen Jahren zusammen.

Ein spezielles Radtraining gab es also nicht?

Überhaupt nicht. Erstens lag unsere Reisevorbereitungszeit mitten im Winter. Zweitens baut sich die Kondition dann beim Reiseradeln von selbst auf. Wir haben das immer ohne Training gemacht, und es ist immer gut gegangen. Wir hatten im Februar aufgehört zu arbeiten und hätten somit noch Zeit zum Training gehabt, ehe der Flug nach Alaska ging. Ich *(Petra)* wollte dann aber so schnell wie möglich weg. Auch deshalb unternahmen wir die Auftaktrunde über Tschechien. Das war sozusagen unser Trainingslager.

Gab es besondere Gründe für die Route von Nord nach Süd – und nicht umgekehrt?

Im Süden zu starten ist anstrengender. In Alaska ist es einfacher: die

Straßenverhältnisse sind besser, die klimatischen Verhältnisse angenehmer, das Wetter stabiler. Wir wollten auch im April, spätestens im Mai los. Da herrscht in Patagonien jedoch „Winter", es regnet viel und ist zum Radfahren zu kalt.

Warum wolltet Ihr Eure Tour unbedingt im Frühling starten?

Aufgrund finanzieller Gründe. Es hat steuerliche Vorteile: Zahlt man „nur" drei Monate in Deutschland Steuern, erhält man sie komplett zurück, wenn der Rest des Jahres nicht mehr gearbeitet wird. Zuvor war uns auch noch wichtig, das Weihnachtsgeld mitnehmen zu können.

Knapp zwei Jahre von zu Hause wegbleiben, da gibt es sicher etliche Hürden zu über-springen. Was gestaltete sich als besonders schwierig?

Richtig schwierig war eigentlich nichts. Für uns war es eher lästig, bürokrati-sche Arbeiten zu erledigen, Briefe zu schreiben, damit die Post umgeleitet wurde, den Telefonanschluss zu kündigen ... – also Dinge, die mit Ämtern zu regeln waren. Echte Probleme gab es jedoch nicht. Für uns war es eine große Hilfe, Freunde zu haben, die sich während unserer Abwesenheit um für uns wichtige Dinge kümmerten: Beispielsweise die während unserer Abreisephase begonnene Volkszählung, die Post, die Hausverwaltung, einen trockenen Stellplatz für unser Auto.

Ihr besitzt ein kleines Haus in Bad Reichenhall. Welche Lösung hattet Ihr diesbezüglich?

Für uns stellte sich eigentlich nur die Frage, ob wir es für die Zeit unserer Abwe-senheit vermieten sollten. Wir ließen es schon mal länger leerstehen, da zerriss uns der Frost die Kloschüssel und einige Leitungen froren ein. Für uns war es auch wichtig, jederzeit – zum Beispiel bei Krankheit – zurückkehren zu können. Diesmal fanden wir einen Freund, der vorübergehend einzog, und der bei einer vorzeitigen Rückkehr unsererseits sofort wieder ausgezogen wäre. Wir ließen ihn ohne Miete in unserem Haus wohnen. Im Gegenzug musste er nur die laufenden Kosten wie Strom, Heizung und Wasser übernehmen. Die Gewissheit, dass sich jemand im Haus befand, war einfach beruhigender.

Das setzt großes Vertrauen voraus.

Natürlich ist das ein wichtiger Punkt. Es war ein Arbeitskollege von mir *(Petra)*, da wusste ich, dass alles gutgehen würde. Und es ist auch gutgegangen.

Wie sehr habt Ihr Euch um Euren Besitz gesorgt, beispielsweise das kleine Haus in Bad Reichenhall?

Gar nicht so sehr, weil wir es in guten Händen wussten.

Was bedeutet Euch der Besitz des Hauses?

Es ist jetzt einfacher, da es uns seit 2002 gehört. Zuvor, als wir zur Miete dort gewohnt haben, war es sehr viel schwieriger.

Inwiefern?

Wir hätten uns bei der Stadt abmelden müssen. Wer Deutschland über ein halbes Jahr verlässt, müsste sich komplett bei der Gemeinde abmelden. Das birgt aber jede Menge Schwierigkeiten bezüglich diverser Versicherungen.

Frühling im Glacier-Nationalpark, USA.

Eine frühere Reise wäre deshalb fast gescheitert. Da hing alles an den Mülltonnen. Warum?

Wir waren noch Mieter und wollten uns bei der Stadt abmelden. Doch aufgrund der Müllabfuhr ging das nicht. Der Vorteil: Für jemanden, der seinen Pass verliert, wie es uns in Nepal passiert ist, gestaltet sich die Beschaffung eines neuen Ausweises einfacher, wenn er noch bei einer Behörde gemeldet ist. Als Haus- oder Wohnungseigentümer ist es einfacher: Wir hatten diesmal die Mülltonne abgemeldet. Damit sparten wir natürlich Geld. Wir selbst hatten uns, auch wenn wir das eigentlich hätten machen sollen, nicht abgemeldet. Wir hätten aber gar keinen anderen Wohnsitz angeben können. Die Police für die Hausratversicherung würde sich im Übrigen verzehnfachen, wäre das Haus die ganze Zeit unbewohnt.

Ihr habt Eure Pässe verloren?

Nur ich *(Volker)*, er wurde mir zusammen mit zirka 300 US-Dollar und den Traveller Checks am Flughafen in Kathmandu gestohlen. Ich hatte die Sachen in einer Bauchtasche, die Diebe müssen sehr gerissen gewesen sein. Als wir es merkten, war es schon zu spät.

Was folgte daraufhin?

Eine zweitägige Rennerei zwischen Deutscher Botschaft, Polizei und Behörden. Dazu die Kontaktaufnahme mit dem Passamt in Bad Reichenhall, wir benötigten rasch eine Meldebescheinigung. Wären wir abgemeldet gewesen, wäre das zu einem großen Problem geworden. Zum Glück hatten wir eine Kopie meines Ausweises dabei. Nach zwei Tagen war alles erledigt.

Wann kam der neue Ausweis?

Wir unternahmen eine dreiwöchige Trekking-Tour. Als wir in die Hauptstadt zurückkamen, war der neue Ausweis da *(ausführliche Geschichte im Kapitel „Unfreiwillige Auszeit: Ohne Ausweis in Kathmandu").*

Wie wichtig ist Euch Sicherheit, die es letztlich nicht zu 100 Prozent geben kann?

Eine Unfallversicherung ist wichtig, die hatten wir vor der Reise sogar ein wenig aufgestockt. Ansonsten ist auch eine Auslandskrankenversicherung von Vorteil. Einen Rechtsschutz brauchen wir aber nicht. Die sonst üblichen Versicherungen, also beispielsweise die Hausratversicherung, ließen wir ganz normal weiterlaufen.

Ihr habt die Gewissheit, auch ohne Reiserücktrittsversicherung jederzeit aussteigen zu können. Ihr müsstet lediglich einen Flug nach Hause buchen und könntet jederzeit sofort zurück in Euer Haus, und somit zurück ins alltägliche Leben. Braucht Ihr diese Sicherheit, um überhaupt solche Touren zu starten?

Das sorgt schon für eine gewisse Beruhigung.

Tag für Tag ein neues Panorama.

Reinhold Messner meinte einmal: „Das Haben ist langweilig, die Herausforderung ist wichtig.“ Könnt Ihr das so unterstreichen?

Diese Aussage empfinden wir so als zu pauschal. Wir besitzen ein kleines Haus. Das schafft gewisse finanzielle Unabhängigkeiten und auch Freiheiten, weil wir in der Gestaltung keinem Vermieter und seinen möglichen Launen Rechenschaft schuldig sind. Das ist alles andere als langweilig. Wir sind auch froh, ein Auto zu besitzen, weil es ganz einfach bequem ist. Es geht also immer darum, ob ich den Besitz auch wirklich für meine Interessen nutzen kann und nicht darum, materialistische Gegenstände anzuhäufen. Das halten wir für eher überflüssig. Darum haben wir auch keine Sammel-Hobbys. Sich ein Ziel zu setzen und diese Herausforderung anzugehen, ist immer spannend. Wenn wir ein Ziel, unser Ziel erreichen, erfüllt uns das schon mit Stolz. Unsere ganze Reise war eine Herausforderung. Denn wir wussten nie, was alles auf uns zukommt: die schweren Andenpässe in Peru, die tropischen Temperaturen in Zentralamerika, die Winde von Patagonien. Bei der Ankunft in Ushuaia waren wir nicht nur stolz, sondern auch glücklich und erleichtert. Ständige Herausforderungen würden aber Stress bedeuten, das brauchen wir nicht jeden Tag.

Wie nennt Ihr Eure Art des Unterwegsseins?

Es ist wohl eine Art Reiseabenteuer … – ja, dieses Wort trifft es sicher am besten.

Ihr seht Euch als Abenteurer …

Wir lieben die Spannung und auch das Ungewisse auf unseren Reisen, suchen aber nicht die Gefahr, sondern versuchen, diese eher gering zu halten. 2002 waren wir mit dem Fahrrad in Indien unterwegs. Auf dem Weg nach Rajasthan zur pakistanischen Grenze machten wir kehrt, da hunderte von Militärfahrzeugen Richtung Grenze unterwegs waren und einige Militärs

Arches Nationalpark, USA.

meinten, es gäbe Krieg mit dem Nachbarland. Natürlich beinhaltet die Durchführung einer solchen Reise auch eine gewisse Risikofreudigkeit. Oftmals sind es gerade die anstrengenden und riskanten Ereignisse, die einem später noch in Erinnerung bleiben – beispielsweise unsere Besteigung des 6.088 Meter hohen Huayna Potosi in Bolivien. Denn wir waren zuvor noch nie mit einer Gletscherausrüstung unterwegs. Oder 2001: Wir befanden uns mit den Fahrrädern in der Maasai-Steppe Tansanias. Dass es dort Löwen gibt, war uns allerdings nicht bewusst. Wir sind auch keinen begegnet.

Bekamt Ihr Tipps für eine mögliche Begegnung mit einem oder mehreren Löwen?

Immer in die Augen schauen und die Mittagsstunden zum Fahrradfahren nutzen – denn da schlafen sie.

Was erhofft Ihr Euch von Euren Abenteuern?

Das Ungewisse ist eigentlich das Spannendste: neue Eindrücke sammeln, Menschen und Natur kennenlernen. Großartige Landschaften faszinieren uns am meisten. In dieser Beziehung sind wir unglaublich neugierig. Dazu kommt, dass der gewöhnliche Tourist, der mit dem Bus organisiert reist, lediglich von einer Sehenswürdigkeit zur nächsten gekarrt wird. Wir erlebten auch die Regionen dazwischen, und die waren oft viel interessanter.

Wie erklärt Ihr Euch diese Faszination?

Unser langsames Reisen war womöglich der Grund für eine gewisse Spannung. Durch unsere Art der Fortbewegung auf zwei Rädern erlebten wir das Reisen nicht nur mit den Augen, sondern mit allen Sinnen – weil wir uns sozusagen in der Landschaft befanden und förmlich mit ihr verschmolzen. Das war alles andere als touristisch, und das empfanden wir schon als besonderes Privileg.

Naturerlebnis Chile: Frühling im November.

Würdet Ihr demnach Eure Art des Reisens, mit dem Fahrrad, als die genau richtige bezeichnen?

Für uns war es das bislang. Mit dem Rad erlebten wir die Natur viel unmittelbarer, hatten weit spontanere Begegnungen, auf natürlichere Art und Weise. Der Großteil war ungeplant, konnte auch gar nicht geplant werden. So viel konnte passieren, im positiven Sinn. Das empfanden wir als besonders wertvolle Erfahrungen. Wir wussten beispielsweise nie, wo wir als nächstes übernachten würden. Diese Frage stellte sich täglich neu und wirkte deshalb enorm spannend.

Wo war es während Eurer Tour besonders faszinierend?

Faszinierende Momente gab es natürlich reichlich: In erster Linie in den USA. Dieses Land, mit seinen abwechslungsreichen Nationalparks, mögen wir ganz einfach sehr. Toll war es auch ab Peru. Bolivien, Chile, eigentlich ganz Südamerika kam für uns recht spannend daher.

Inwiefern?

Die Andenstaaten mit ihren Hochländern, die einzigartigen Landschaften, das übte schon einen ganz besonderen Reiz auf uns aus. Peru mit seinen beeindruckenden Bergregionen samt atemberaubender Pässe, den großen Alpaka-Herden, dem einfachen Landleben und den bunten Märkten. Wir sahen über vier Wochen lang kaum einen Touristen. Das ist ursprünglich, ja abenteuerlich. Nordwest-Argentinien war grandios, mit der Ruta 40, der längsten Straße des Landes, meist in hervorragender Qualität, oft sehr einsam. Wir konnten überall wild zelten. Bolivien, die Lagunenrunde um den größten Salzsee der Erde, den Salar de Uyuni, der Lago de Colorado (rote Farbe), die Vulkane, die Flamingos und die bunten Berge mit der Wüste der sieben Farben. Einzigartig. Unvergessen bleiben uns die Wüstenzeltnächte am Lagerfeuer, der sternenklare Himmel darüber, die unglaublichen Ausblicke auf die schneebedeckte Andenkette. Chile mit seiner Carretera Austral: Eine 1.200 Kilometer lange, größtenteils nicht asphaltierte Straße durch urige Wälder, vorbei an Gletschern, Fjorden, Wasserfällen ...

Welche Vorteile barg das Zelten vor allem für Euch?

Wenn das Wetter passte, gab es fast nichts Schöneres, als in der Wildnis zu sein, Essen über dem Feuer zu kochen, eine sternenklare Nacht zu erleben, im Hochland, in den Bergen, viel klarer als über tiefer gelegenen Städten. Das war besonders in den Wüsten beeindruckend, in vollkommener Stille. Wir dachten dann oft an das gestresste Europa. Wir lieben die Unabhängigkeit: Wir aßen, wann wir wollten, hatten unsere eigenen Schlafutensilien, ja, wenn man so will, unseren eigenen Dreck – nicht jenen anderer Leute.

Nach welchen Kriterien habt Ihr Eure Übernachtungsplätze ausgewählt?

Wenn wir unter freiem Himmel campierten, war Sicherheit für uns ein wichtiger Faktor. Wir achteten stets darauf, dass unser Zeltplatz – wenn möglich – nicht von der Straße einsehbar war, um die Gefahr eines Überfalls zu verringern. Außerdem war es natürlich von Vorteil, einen See, einen Fluss oder zumindest einen Bach in der Nähe zu haben – einfach der Hygiene wegen. Die Kleidung war vom Schweiß verklebt, wir wollten uns schon jeden Abend gut waschen können. Und natürlich benötigten wir auch gutes Wasser zum Kochen und Spülen.

Und wenn das nicht möglich war, beispielsweise in sehr trockenen Gebieten?

Dann versuchten wir, uns möglichst vorab mit reichlich Wasser zu versorgen. Es funktionierte schon auch mal, sich mit einer gut gefüllten Wasserflasche zu waschen. Übrigens: Ab einer Höhe von 3.000 Metern schwitzten wir nicht mehr.

Wie wichtig war Euch die Kleiderwäsche? So viel hattet Ihr schließlich auch in dieser Hinsicht nicht dabei.

Wir machten es halt so gut es ging. Einige Male duschten wir auch in voller Montur, um gleich alles auf einmal sauber zu bekommen.

Glückliche Alpakas, Peru.

Exklusiver Outdoor-Waschplatz, Peru.

Was war sonst noch wichtig, wenn es auf die Suche nach einem geeigneten Schlafplatz ging?

Bis 16 Uhr wollten wir immer einen gefunden haben. Denn bis das Zelt aufgebaut und genug Brennholz gesammelt war, vergingen schon zwei, drei Stunden. Das sollte alles erledigt sein, bis es dunkel wurde. Und wir wollten immer bei noch halbwegs gutem Tageslicht Abendessen. Die Suche war von den klimatischen Bedingungen abhängig. Im Hochland Perus wurde es schon ab 4 Uhr nachmittags ziemlich kalt, bis minus 15 Grad. Das wäre dann fast zu spät gewesen, um mit der Suche nach einem Übernachtungsplatz zu beginnen. Bis zum Sonnenuntergang um zirka 18 Uhr wollten wir alle anfallenden Arbeiten wie Zeltaufbauen, Körperhygiene, Kochen, Essen und womöglich auch noch Feuerholz Sammeln hinter uns haben. Ohne Feuer wurde es bitterkalt, so dass wir schon um halb sieben Uhr in den Schlafsack kriechen mussten. Anhand eines Kompasses versuchten wir, unser Zelt immer so zu platzieren, dass wir morgens schon die ersten Sonnenstrahlen abbekamen. Mithilfe von Höhendiagrammen hielten wir unseren Schlafplatz niedrig, da man auf über 4.000 Metern meist sehr viel schlechter schläft. Wir wollten aber auch vermeiden, in der morgendlichen Frische gleich bergab fahren zu müssen – lieber erst ein wenig warmstrampeln. Freilich gab's auch die exakt gegensätzlichen Bedingungen: In Zentralamerika stiegen die Temperaturen um die Mittagszeit oft bis auf 40 Grad im Schatten an. Mit dem ersten Tageslicht um 5 Uhr ging's auf die Strecke, um 11 Uhr machten wir meist Schluss. Da die Gegend zu dicht besiedelt ist und zelten aufgrund der erheblichen Kriminalität für uns ohnehin nicht infrage kam, suchten wir uns meist Unterkünfte, die über einen Ventilator oder, noch besser, über eine Klimaanlage verfügten. Gegen einen Swimmingpool hatten wir natürlich auch nichts einzuwenden.

Unverzichtbares Utensil für Volkers Höhenprofile.

Woher hattet Ihr die Höhendiagramme?

Aus dem Internet unter www.perfilderuta.es. Da gibt es zwei Seiten. Eine funktionierte, die andere nicht. Unser absolviertes Höhenprofil zeichnete ich *(Volker)* Abend für Abend in unser Reisetagebuch.

Auf wie viele Höhenmeter nur bergauf kamt Ihr am Ende?
Auf 250.000, also auf 250 Kilometer.

Für den Fall, dass kein Brennholz aufzutreiben war, hattet Ihr einen Campingkocher dabei.

Sogar zwei, einen mit Gas, einen mit Benzin gefüllt.

Als Reserve, wenn einer ausfiel?

Eher aus Kostengründen und weil nicht überall Gas zu bekommen war. Eine 400-Gramm-Gasfüllung kostete acht Euro, die gleiche Menge Benzin 30 Cent.

Wo war es mit dem Brennholz schwierig?

In ganz Peru. Oder auch in Kanada. Da hätte es zwar reichlich davon gegeben, war aber zu nass und qualmte nur. In den Wüstengegenden Argentiniens war es dagegen spitze: viel trockenes Brennholz, ideal.

War alles für die Nacht erledigt, blieb womöglich auch viel Zeit, um beispielsweise in einem Buch zu lesen. Doch Ihr hattet keines dabei. Warum nicht?

Aus Gewichtsgründen. Jedes Gramm wog bei dieser Tour doppelt schwer. Es wäre ganz einfach zu belastend gewesen.

Ihr hättet also schon ganz gerne das eine oder andere Buch dabei gehabt?

Ja und nein. Auf der einen Seite verspürten wir schon ab und zu die Lust, zu lesen. Allerdings gingen wir während der Tour meist früh schlafen, weil wir von den vielen Eindrücken und den körperlichen Belastungen immer ziemlich müde waren. Wir konnten jedenfalls fast immer zwölf Stunden ganz gut durchschlafen *(beide schmunzeln).*

Der dicke Radführer war der einzige „Literatur"-Luxus, den Ihr im Gepäck hattet?

Wir hatten auch einige Reiseführer und eine Menge Landkarten dabei. Wenn wir eine Region hinter uns gelassen hatten, rissen wir die entsprechenden Seiten raus – einfach, damit wir wieder ein paar Gramm weniger mitschleppen mussten. Wir sind da zwar nicht so extrem drauf wie viele andere, die wirklich jedes unnötige Gramm sparen. Aber irgendwann spürt man halt dann doch alles, was zu viel im Gepäck ist. Mit einem iPad wäre es leicht, sich immer wieder neuen Lesestoff zu besorgen – aber wir haben's nicht so mit den technischen Dingen.

Auf dem Weg nach Sorata in den Anden, Bolivien.

Ihr wart ausrüstungstechnisch also minimalistisch unterwegs. Was musste dennoch sein?

Für jeden ein MP3-Player. Musik war wichtig, vor allem, wenn wir gefühlte Ewigkeiten durch eintönige Landschaften radelten. Sie war auch nötig, um körperliche Erschöpfungszustände zu überwinden oder sich bei langen Berganstiegen zu puschen. Beim Mungo Jerry-Song „In the Summertime" hab ich Petra meist nur noch von hinten gesehen.

Vor der Reise hattet Ihr überlegt, einen Campinghocker als echten Luxusartikel mitzuschleppen.

Den hatten wir zunächst tatsächlich dabei, aber nur für die Zeit in Tschechien und in Deutschland. In Nordamerika war er nicht mehr vonnöten, da die Campingplätze dort sehr gut ausgerüstet sind. Darum blieb der Hocker bei Petras Eltern.

Auf Empfehlung der Ranger hattet Ihr in Alaska das unverzichtbare Bärenspray erworben.

Das ist dort tatsächlich unerlässlich. Wir hatten es am Lenker befestigt. Im Notfall wäre die 225-Gramm-Flasche in acht Sekunden leer. Dafür wirke das Spray laut Hersteller bis zu sechs Meter weit.

Ihr habt sie noch gefüllt mit nach Hause gebracht.

Sie kam zum Glück nicht zum Einsatz.

Vergleich US-amerikanisches Bärenspray (links), daneben deutsches Pfefferspray – beides kam auf der Panamericana nicht zum Einsatz.

Bären sind Euch aber schon begegnet?

Wir haben 24 gesehen: Einen Grizzly, der Rest waren die nicht so aggressiven Schwarzbären. Auch in Gegenden, in denen wir diese Tiere nicht vermutet hätten, zum Beispiel auf Weizenfeldern in Montana (USA).

Erzählt mehr von den Begegnungen mit den Bären. Hattet Ihr Bedenken, dass es auch mal gefährlich werden könnte?

Wir haben viel nachgefragt und uns erkundigt, wie es mit den Bären aussieht. In ganz Nordamerika übernachteten wir stets auf Campingplätzen, einfach auch aus Sicherheitsgründen. Volkers Gedanke: Wenn dort ein Bär auftauchen würde, hätte er mehr Auswahl. Die Chance, dass er sich unter 30 Zelten ausgerechnet unseres aussucht, ist freilich geringer als hätten wir irgendwo in der Wildnis ein einzelnes Zelt stehen. Da würde er definitiv dieses eine nehmen.

Mehrfach rieten uns Einheimische vom Übernachten in der Wildnis ab, da haben wir auch so einige Storys gehört. Aufgrund der jüngsten Vorkommnisse waren wir sehr vorsichtig, auch wenn die „Chance", von einem Auto überfahren zu werden, weitaus größer ist: Eine ältere Dame wurde in Kanada in ihrem eigenen Garten von einem Schwarzbären angefallen und getötet. Das gleiche Schicksal ereilte einen Wanderer im Yellowstone-Nationalpark bei der Begegnung mit einem Grizzly. Und ein Ranger in Kanada bemerkte einen Bären in etwa 500 Metern Entfernung. Wie im Lehrbuch machte er alles richtig und mit einer Signalpfeife auf sich aufmerksam, damit er früh genug von diesem mächtigen Tier wahrgenommen würde, und sich dieser nicht in seinem Territorialverhalten gestört fühlte. Dennoch griff der Bär an, und der Ranger musste ihn erschießen. Bei unserer ersten Bärensichtung am Straßenrand haben wir ein Wohnmobil gestoppt, um uns ungesehen auf der Rückseite des Fahrzeugs an diesem mächtigen Tier vorbei zu mogeln.

Einmal habt Ihr in einem Lkw übernachtet.

Im kleinen Ort Mendenhall im kanadischen Yukon Territory fragten wir in „Irenes Restaurant" nach einem Platz für unser Zelt. Irene meinte, dass dies zurzeit zu gefährlich sei, da eine Grizzlymutter mit zwei Jungen in der Gegend unterwegs sei. Sie würde uns aber einen kostenlosen Van zur Verfügung stellen, in dem wir sicher übernachten könnten. Ich *(Volker)* freute mich schon, nach zwei Monaten im Zelt, auf den Luxus und die Annehmlichkeiten eines Wohnmobils, und malte mir dies in den schönsten Farben aus. Stattdessen gab's einen heruntergekommenen Lieferwagen, der auf einem Schrottplatz vor sich hin gammelte. Im Innenraum befand sich viel Unrat und eine alte Matratze, auf der wir uns frustriert breitmachen durften.

Gab es „gefährliche" Nächte, in denen Euch in Eurem Zelt nicht wohl war?

Kaum. In Peru gab es mal eine Nacht, in der ich *(Petra)* stundenlang wach und mit offenen Ohren dagesessen bin, ob wer kommt. Denn da waren am Abend mehrere Autos mit seltsamen Gestalten bedrohlich nah an uns herangefahren. Das war eher unheimlich.

Bestens geschützt: Perfekter Zeltplatz im Hochland, Peru.

Infopoint: Wenn einer eine (lange) Reise tut

Wenn einer eine Reise tut ... – auch über einen längeren Zeitraum, und seine Wohnung aufrecht hält, muss er sich nicht extra abmelden. Wird die Wohnung aufgelöst, braucht die Gemeinde (Stadt) eine Anschrift im Ausland – bei einem Weltumsegler den ersten Hafen, in dem er startet.

Wenn jemand beruflich unterwegs ist, kommt es wieder darauf an, ob die Wohnung bestehen bleibt oder nicht. Ein Soldat, der für ein Jahr in den Auslandseinsatz geht und seine Wohnung behält, muss sich nicht abmelden. Geht der Soldat für drei Jahre weg, die Wohnung bleibt ebenfalls bestehen, müsste er sich jedoch abmelden. Laut Gesetz muss die Wohnung bewohnt bleiben, drei Jahre sind in diesem Fall zu lange.

Man kann auch zwei Hauptwohnsitze haben, einen in Deutschland, den anderen beispielsweise in Österreich (weil man dort beruflich beschäftigt ist). Das geht die Gemeinde meldetechnisch nichts an.

Wenn das Amt feststellt, dass es sich um eine Scheinwohnung handelt, weil derjenige beispielsweise bei der Mutter angemeldet ist, muss er sich abmelden. Bei Scheinwohnungen wird grundsätzlich nachgeforscht, zur Not auch mithilfe der Polizei. Das Meldegesetz macht da ganz klare Vorschriften.

Fakt ist aber auch, dass es in vielen Fällen auch am Ermessen der Behörde liegt, ob sich jemand abmelden muss oder nicht. Ein entsprechender Spielraum ist diesbezüglich meist gegeben.

Quelle: Stadt Bad Reichenhall

Petra und Volker Braun besitzen ein Haus. Sie waren rund 20 Monate am Stück unterwegs und meldeten sich nicht ab. In der Zeit ihrer Abwesenheit bewohnte ein ehemaliger Arbeitskollege von Petra das Haus. Er hielt es sozusagen in Schuss. Das Hausrecht übertrugen die Brauns per schriftlicher Vollmacht einem guten Freund. Er wäre eingeschritten, hätte es gravierende Probleme gegeben oder wären wichtige Dinge – beispielsweise mit den Nachbarn – zu regeln gewesen.

Guanajuato, Mexiko.

2. Etappe: Freundlich zurück auf die Autobahn

Führt Ihr darüber Buch, wie viele Länder Ihr bereist habt und hinter denen Ihr sozusagen ein Häkchen machen könnt?

Nein, um Himmels Willen. Das ist uns völlig egal. Es wäre eine schreckliche Vorstellung, hätten wir den Drang, darüber Buch zu führen. Wir sind eher auf die Kilometer stolz, die wir auf all unseren Reisen bislang hinter uns gelassen haben, aber nicht, weil wir besonders viele Länder bereisten.

Wie viele waren es denn bislang?

42.

Wo hat es Euch denn überhaupt nicht gefallen.

In Mexiko.

Warum?

Dort herrschte irrsinnig viel Verkehr. Das hat uns fast erschlagen, weil wir aus Alaska, Kanada und den USA viel Einsamkeit gewohnt waren. Dann kam dieser Moloch, fürchterlich. So viele Autos, so viele Menschen, enge, schlechte Straßen, rücksichtslose Busfahrer. Wir benutzten verbotenerweise öfter mal die Autobahn, weil auf denen aufgrund der Maut fast nichts los war. Zweimal komplimentierte uns die Polizei wieder runter, sehr freundlich, ohne Strafe. Wir sind dann hinter dem nächsten Ort wieder „freundlich" auf die Autobahn zurückgekehrt. Dort war es einfach sicherer.

Und Ihr hattet keine Angst, wieder „erwischt" zu werden und dann womöglich einer Strafe nicht mehr zu entkommen?

Nein, die Polizei war an sich ganz nett und ist wohl toleranter als bei uns in Deutschland. Wir machten in Zentralmexiko einmal eine Pause im Schatten einer Brücke, als sich ein Streifenwagen näherte. Nach kurzem Smalltalk mit vielen Verständigungsproblemen forderten uns die Polizisten auf, hier zu warten – sie seien in einer Stunde zurück. Wir wussten nicht, was wir tun sollten und was jetzt wohl als nächstes käme. Die beiden waren im nächsten Ort einkaufen, kamen wieder und überreichten uns einen ganzen Sack voll mexikanischer Energieriegel – unter anderem mit Honig überzogene Nüsse. Bevor sie wieder abrauschten, prosteten wir uns noch mit einer Cola zu, dann wurden wir wieder mit den besten Wünschen auf die Strecke geschickt.

Freundliche Ordnungshüter: Picknink mit Polizisten in Mexiko.

Wie lange „quälte" Euch das ländliche Mexiko?

Da es leider die längste Länderstrecke war, rund 4.500 Kilometer, fast drei Monate. Es war dort mit wenigen Ausnahmen und einigen Regionen im Süden monoton und wenig aufregend. Ein für uns unattraktives Reiseland.

Einige Städte Mexikos beeindruckten Euch jedoch.

Die 1.500 Kilometer lange Baja California, eine Wüstenlandschaft mit riesigen Kakteen im Norden, hat uns sehr gut gefallen. Aber als wir wieder auf dem Land waren, gab es in erster Linie monotone Überlandstrecken ohne irgendwelche Höhepunkte zu bewältigen. Einige Kolonialstädte präsentierten sich uns allerdings konträr zu den Gebieten dazwischen, absolut einzigartig: Guanajuato beispielsweise, in Zentralmexiko, auf 2.000 Metern gelegen. Ein sagenhafter Augenschmaus, so strahlend, so leuchtend, in allen Farben. Die Häuser stehen dicht an dicht, dazwischen atmosphärisch einzigartige Plazas, eine richtig schöne alte Kolonialstadt. Um das Verkehrsproblem der Stadt zu lösen, wurden 1965 ein trockenes Flussbett sowie einige Bergwerkschächte in ein Fahrzeugtunnelsystem umgewandelt. Aufgrund der starken Güsse in der Regenzeit werden die unterirdischen Verkehrsadern der Stadt jedoch derart überschwemmt, dass es immer wieder zum Verkehrschaos kommt. Beeindruckend war das Mumien-Museum. Darin werden über 100 mumifizierte Körper gezeigt. Sie wurden bei der Erweiterung des Friedhofes ab dem Jahre 1865 gefunden und werden hier aufbewahrt. Der trockene, mineralische Boden und das semiaride Klima *(lateinisch aridus = trocken, dürr / Anm. d. Autors)* verhinderten die Verwesung der Leichen.

Buntes Würfelspiel: Guanajuato, Mexiko.

Zeitfahren: Don Quijote mit Knüppel

Mit der Einreise nach Mexiko (bei Tijuana) trifft uns fast der Schlag: Die Straßen sind eng, der Verkehr erdrückend. Die Fahrer versuchen, das Letzte aus ihren meist verbeulten und wenig fahrtüchtig wirkenden Kisten herauszuholen. Wir sind verzweifelt: Fahren wir ganz rechts, ermutigt das den Fahrer, ungebremst an uns vorbei zu donnern, um uns auch noch der letzten Zentimeter zur brüchigen Fahrbahnkante zu berauben. Das Motto lautet also: Möglichst weit in der Straßenmitte halten und die Pkw und Sattelschlepper damit zum Bremsen nötigen, um im Zweifelsfall den erkämpften Raum zum Straßenrand als Fluchtweg zu nutzen. Die Anspannung ist enorm. Zwischenzeitlich weichen wir auf sandige Trampelpfade neben dem Asphalt aus und arbeiten uns damit im Fußgängertempo vorwärts. Wie sollen wir so jemals die 4.500 Kilometer durch Mexiko bewältigen?

Ich *(Volker)* besorgte mir einen Knüppel und versuchte damit – und lächerlichen Drohgebärden –, die zu dicht auffahrenden Autolenker, die ich im Rückspiegel beobachtete, zu einer defensiveren Fahrweise zu bewegen. Ich fühlte mich wie Don Quijote im Kampf gegen Windmühlen. In jedem Dorf wanderte der Knüppel von der linken in die rechte Hand, denn mexikanische Hunde lieben Radler und nahmen grundsätzlich und dauerkläffend die Verfolgung auf. Petra versuchte, die Vierbeiner mit einer Reitgerte am Lenker auf Abstand zu halten.

Erst nach 350 Kilometern war der Verkehrsalbtraum fürs erste beendet und wir konnten die Baja mit all ihren Schönheiten so richtig genießen.

Bearbeitet aus
Volkers Reisetagebuch

Jetzt reicht's: Das ewige Gekläffe war irgendwann zu viel.

Einfach nur fantastisch: Laguna Verde, Bolivien.

3. Etappe: Der Weg ist das Erleben

Wie viel Sightseeing gönnt Ihr Euch auf Euren Reisen?

Ehrlich gesagt gehört das nicht zu unseren vorrangigsten Zielen. Es ist nicht unser Bestreben, systematisch die Höhepunkte eines Landes abzugrasen. Bei der letzten Tour haben wir sogar Machu Picchu *(Ruinenstadt in Peru / Anm. des Autors),* also den Klassiker schlechthin, ausgelassen.

Weil Ihr den großen Touristenströmen aus dem Weg gehen wolltet?

Uns fiel das nicht schwer: Weil uns Kleinigkeiten viel wichtiger sind, die Begegnungen unterwegs, zu sehen, wie die Menschen in ihren Dörfern leben. In jedem Reiseführer steht, dass man Machu Picchu gesehen haben muss, wenn man schon in Peru ist. Wir verspürten dieses Verlangen nicht.

Dennoch habt Ihr Euch auch zahlreiche Abstecher „geleistet", um bestimmte Dinge zu sehen.

Dazu gehörten aber nicht die großen Sehenswürdigkeiten. Sie reizten uns einfach nicht so sehr. Sie waren den zusätzlichen Aufwand oder einen großen Umweg oft nicht wert. Wir waren mit unseren Rädern im Vergleich zu den geführten Touristentouren wie schon berichtet relativ langsam unterwegs. Wir erlebten dadurch schon beim Fahren unglaublich viel. Deshalb mussten wir keinen 400-Kilometer-Umweg machen, um beispielsweise den Kondor

Zeltmöglichkeiten im Überfluss: In den Bergen Perus.

im Colca-Canyon Perus zu sehen. Es musste auch nicht die große berühmte Tempelanlage sein, zu der alle rennen, wenn wir eine kleine, weniger bekannte „erleben" konnten – die womöglich sogar noch viel schöner, ursprünglicher ist. Dort, wo alle hingehen, muss es nicht unbedingt faszinierender sein.

Das heißt, Ihr wart auch keiner Reizüberflutung ausgesetzt.

Die Dinge, die auf uns wirkten, wirkten meist ausgewogen. Indien entspricht eher einer Reizüberflutung. Dort ist die Summe des Sehens, Hörens, Riechens und Schmeckens, also letztlich des Erlebens, oft nur schwer auszuhalten und dann auch zu verarbeiten.

Johann Wolfgang von Goethe sagte einmal: „Nur wo du zu Fuß warst, bist du auch wirklich gewesen". Der Spagat zum Radfahren ist diesbezüglich also nicht weit.

Wir hatten permanent Höhepunkte: das Radfahren in der Natur, an der frischen Luft, das waren Highlights genug. Da brauchten wir keine Menschenmassen vor irgendeinem Tempel. Wir lieben die Natur, die Berge, Seen, Flüsse, weite Flächen. Gebäude begeistern uns weniger. Unser Unterwegssein war Erleben und Erfahrung genug, und wir bekamen das auf unserer Strecke von A nach B obendrein auch noch kostenlos. Der Weg, unser Weg, war sozusagen das Erleben.

Welche Sehenswürdigkeit entlockte Euch dennoch einen Abstecher, einen Umweg?

In den USA, es war zu heiß und wir waren gut im Plan, hatten Zeit. Wir sind nach Colorado runter gefahren, haben uns ein paar Sachen angeschaut – aber auch wieder eher Naturphänomene wie den Canyonlands-Nationalpark Utah mit dem Colorado und dem Green River oder den Great Sand Dunes-Nationalpark Colorado. Diese Dinge faszinieren uns mehr als Ausgrabungsstätten.

Wie dürfen sich die Leserinnen und Leser Euren Zeitplan vorstellen?

Der existierte nur im Gedächtnis. Wir radelten im Schnitt 70 Kilometer pro Tag. Manchmal waren es nur 40 Kilometer, wenn wir zwischendrin einen

Verschwenderische Farbenspiele im Yellowstone-Nationalpark, USA.

schönen Platz zum Bleiben entdeckt hatten, dann auch mal 120 Kilometer. Wir entwickelten rasch ein gutes Gefühl, wie wir dran waren – meistens schneller als gedacht oder „geplant". Wir hatten auch im Kopf, wo gerade Regenzeit herrschte oder wo es richtig heiß werden konnte. Darauf stimmten wir unsere Route beziehungsweise die zeitliche Abfolge ab.

Wie sahen Eure Rekordetappen aus?

Die längste Tagesetappe bewältigten wir in Kanada, am 8. Juli 2011, von Houston zum Fraser Lake: 166 Kilometer mit 1.150 Höhenmetern. Unsere längste Tagesetappe aller Reisen hatten wir am 23. Juni 2006 im Norden Norwegens: 182 Kilometer.

Um Honduras habt Ihr einen großen Bogen gemacht und den zentralamerikanischen Karibik-Staat mit einer Fähre sozusagen umschifft. Aus welchem Grund?

Honduras ist aus unserer Sicht nicht gerade das Rad-Traumland.

Warum?

Beim Lesen der Streckenbeschreibungen bekamen wir grundsätzlich ein mulmiges Gefühl, vor allem aufgrund der hohen Kriminalität. Viele Berge, schlechte

Straßen, kaum Versorgungsmöglichkeiten, enorme Hitze mit bis zu 40 Grad – das hörte sich alles nach einer brutalen Quälerei an, die letztlich nichts gebracht hätte. Honduras reizte uns nie. Es war auch nur ein kleiner Teil, den wir ausließen, zirka 100 Kilometer.

Guatemala galt während Eurer Reise als das gefährlichste Land, das auf Eurer Route lag. Ihr habt Euch dennoch hinein gewagt. Wie ging es Euch dabei?

Wir waren noch krank, vom schlechten Essen in Mexiko, und sind deshalb erst mal mit dem Bus gefahren. Für mittelamerikanische Verhältnisse ist das Busnetz dort hervorragend erschlossen. Guatemala bietet beste Infrastruktur für Reisende. Und für uns war es das schönste Land Mittelamerikas. Wir wurden auch immer spitzenmäßig mit Infos versorgt, beispielsweise dass wir einem Vulkan nicht zu nahe kommen sollten, weil es dort verstärkt zu Überfällen gekommen war.

Sicherheit in Guatemala:
Man(n) kann's auch übertreiben.

Habt Ihr deshalb Unbehagen verspürt?

Wir fühlten uns dort nicht unsicherer als in anderen Ländern. Guatemala ist toll, und es leben sehr liebe Menschen dort.

Wie habt Ihr Euch auf die vermeintlich gefährlichen Länder vorbereitet?

Über das Auswärtige Amt in Berlin, die haben eine aktuelle Internetseite. Ansonsten haben wir es einfach auf uns zukommen lassen. Auch über andere Reisende konnten wir uns gut informieren. In Kolumbien nahmen wir auf den letzten 300 Kilometern den Bus. Dazu wurde uns geraten, weil die Region gefährlich ist. Wir sahen dann auch entsprechend viele Polizeikontrollen.

Gab es genügend Internetcafés, in denen Ihr Euch informieren konntet?

Ja, das war überhaupt kein Problem.

Konntet Ihr diesbezüglich auch einen zufriedenstellenden Kontakt mit Euren Lieben daheim halten?

Wir meldeten uns einmal im Monat per Rundmail bei der Familie und Freunden.

Hat es Euch gestört, wenn Ihr den Bus nehmen musstet? Weil Ihr so nicht auf Eure ursprünglich geplante Kilometerzahl kamt.

Ab und zu war es schon schade, schöne Landschaften nur aus dem Busfenster sehen und erleben zu können – wie etwa im Norden Kolumbiens. Auf der anderen Seite benutzten wir den Bus nur, wenn es wirklich notwendig war: wegen Defekten an den Rädern, Krankheiten, gefährlichen Streckenabschnitten. In unserer Welt ist es selbstverständlich, sich motorisiert fortzubewegen. Für uns war es unglaublicher Luxus und etwas Besonderes, auch mal so einfach von einem Ort zum nächsten zu gelangen.

Ihr wart oft tagelang in einsamsten Gegenden unterwegs: Welche Gedanken schwirrten Euch dabei durch den Kopf?

Wir dachten oft nur sehr wenig und genossen einfach die Landschaften, das Sein – wo wir eben gerade waren. Meist

Marble Caves, Chile.

mussten wir aber auch höchst konzentriert sein, weil so viel Verkehr war. Auf der anderen Seite schwirrten uns dann wieder reichlich Gedanken durch den Kopf: wo wir als nächstes übernachten könnten, welche Dinge noch zu erledigen seien, haben wir noch genug Essen, genug zu trinken? Solche Sachen. Für monotone Gegenden hatten wir wie gesagt unsere MP3-Player dabei, die waren unverzichtbar. Und dann hofften wir, dass es hinter der nächsten Kurve interessanter werden würde.

Unterhaltungen während des Radfahrens fanden demnach eher selten statt?

Es gab sie natürlich, aber sie waren eher die Ausnahme.

Die Einsamkeit ging Euch nicht irgendwann auf den Wecker?

Absolut nicht. Wir waren schließlich zu zweit *(beide schmunzeln)*: Uns machte die Ruhe, auch oft die Einöde nichts aus. Trotzdem freuten wir uns, wenn wir andere Reisende trafen, mit denen wir uns austauschen konnten. Besonders nett war es, wenn sie aus dem gleichen Sprachraum kamen, weil die Mentalität doch in etwa die Gleiche und die Kommunikation in der eigenen Sprache freilich einfacher und angenehmer ist.

Langeweile kam also nie auf?

Eine solche Tour ist unglaublich abwechslungsreich und es kommt niemals so etwas wie Langeweile auf. Es gleicht hin und wieder einer Reizüberflutung im positiven Sinn. Deshalb fühlten wir uns meistens recht ausgeglichen und zufrieden. Daheim haben wir oft Hummeln im Hintern und wollen unsere begrenzte

Einsamkeit, aber keine Langeweile: Auf dem Altiplano, Bolivien.

Freizeit möglichst sinnvoll nutzen, ausfüllen. Das Ganze läuft dann sehr actionreich ab, oft zu getrieben. Auf Reisen ist es ein ganz anderer Rhythmus, ein gewisser Takt zwischen körperlicher Anstrengung und Genuss.

Das heißt, Ihr habt Euch auch absolute Ruhetage während der Reise gegönnt, mit absolutem Nichtstun?

In der Regel mindestens einen Tag pro Woche. Das brauchte der Körper. Denn das ewige Radfahren stand natürlich auch mal so richtig im Weg. Um Dinge zu tun, die wir in diesem Augenblick einfach gerne tun wollten. Doch diese Dinge sind dann oft zu anstrengend, weil wir bereits sechs oder sieben Tage am Stück auf dem Sattel gesessen sind. Da stieg das Bedürfnis nach Ruhe unglaublich.

Wie habt Ihr so richtig entspannt?

Wir saßen am liebsten an einem schönen Platz, schauten, tranken Kaffee, ließen die Seele baumeln – also im Nichtstun.

Welche Kriterien entschieden noch über einen Ruhetag?

Vielleicht der idyllischste Zeltplatz der Reise: Los Alerces-Nationalpark, Argentinien.

Das kam spontan, wenn es uns irgendwo besonders gut gefiel oder wir dringend eine Pause benötigten. Wir sind auch mal elf oder zwölf Tage durchgefahren. Es gab da keinen festen Rhythmus. Ein Ruhetag pro Woche musste es aber eigentlich schon immer sein ...

... ein freiheitliches Privileg auf Euren Reisen. Was bedeutet Freiheit grundsätzlich für Euch?

Wir kündigen unsere Jobs, weil wir einen Traum haben. Während der Reise haben wir keine Termine, keine Verpflichtungen oder irgendeinen strengen Zeitplan. Wir sind dann auch nur uns selbst und unseren eigenen Interessen gegenüber verantwortlich, unseren Launen und Neigungen. Wenn uns irgendetwas vorantreibt, dann ist es lediglich die Neugier auf jeden neuen Tag, auf Landschaften und Begegnungen mit Menschen und Situationen. Mit unseren Fahrrädern sind wir enorm unabhängig, es gibt keine einzuhaltenden Fahrpläne. Wir können überall halten, können Fotos machen, unseren Schlafplatz ziemlich frei wählen und müssen die Regionen nicht durch verdreckte Busfenster anschauen.

Und dabei spart Ihr noch eine Menge Geld.

Meist konnten wir unsere Räder kostenlos oder gegen einen geringen Betrag mit dem Flugzeug transportieren. Der Transport eines Motorrades oder eines Wohnmobils hätte eine ganze Menge mehr gekostet.

Ihr sagt, dass Euch das Radfahren ab und an auch mal im Weg stand, um andere Dinge zu tun. Was meint Ihr damit?

Wir wären gerne mal drei oder vier Tage auf einen aktiven Vulkan gegangen. Aber das war mit dem Radfahren, wie gesagt, irgendwie nicht vereinbar.

Warum?

Zum Bergsteigen braucht der Mensch ganz andere Muskeln – und hat zu Beginn einen irrsinnigen Muskelkater. Das Radfahren stand uns dafür im wahrsten Sinne im Weg, so dass wir an radfreien Tagen einfach keine Lust oder Energie mehr in uns hatten, anderen Sportarten nachzugehen. Da stand einfach die meiste Zeit das Relaxen im Vordergrund.

Was war während des Radfahrens außerdem wichtig?

Verdiente Rast, USA.

Vor allem, ausreichend Wasser dabei zu haben – wobei wir eigentlich stets mit wenig Trinkwasser auskamen. Nur in Chile konnten wir das Wasser aus Bächen unbehandelt zu uns nehmen. In Cusco in Peru verwendeten wir das Wasser aus einem Bach zum Nudeln kochen und hatten daraufhin für mehrere Tage eine Mageninfektion. Ansonsten behandelten wir das Wasser mit einem Wasserfilter oder kauften es im Geschäft. In eine wirkliche Notlage sind wir diesbezüglich aber nie geraten. Im Bundesstaat Utah in den USA ging uns einmal vorzeitig das Wasser aus. Ich *(Volker)* fotografierte noch das Schild „Next Service 90 Miles" und ignorierte das freundliche Angebot eines Sportwagenfahrers, uns mit Wasser zu versorgen. Vielleicht waren wir etwas verwirrt, weil wir wohl doch zu wenig getrunken hatten. Laut unserer Karte sollte eigentlich der Ort Cisco noch kommen. Und richtig, die ersten Werbeschilder wiesen in großen Buchstaben auf kalte Getränke, Eis und andere Erfrischungen hin. Doch Cisco entpuppte sich als Geisterstadt: Windschiefe, verfallene Holzbaracken und über die Straße wehten die aus Westernfilmen bekannten Strauchkugeln. Kein Mensch weit und breit, keine Aussicht auf Wasser. Doch glücklicherweise näherten sich mehrere Pkw, und beim Versuch, einen davon zu stoppen, hielten direkt alle an – die typische Hilfsbereitschaft in den USA. Sie versorgten uns nicht nur mit Wasser, sondern auch mit zwei Flaschen Bier fürs Abendessen.

Ihr habt auf Euren Reisen auch viel Armut gesehen. Wie ging es Euch damit?

Es klingt blöd, aber wir gewöhnten uns ein Stück weit daran. Wir sahen es, es nahm uns mit. Danach mussten wir es aber auch wieder schnell vergessen, ja verdrängen. Das musste wohl so sein, damit wir weitermachen konnten. Wir hatten das alles halt auch schon sehr oft gesehen.

Es wäre sicher nur ein Tropfen auf dem heißen Stein: Aber verspürtet Ihr nicht den Drang, helfen zu müssen – wie auch immer?

Armut in Peru.

Ja, aber wir hatten uns eine Grenze gesetzt: Nur einmal am Tag etwas geben. Das machten wir, um nicht immer dem eigenen Konflikt ausgesetzt zu sein, ständig etwas geben zu müssen. Denn auch wenn wir „reiche Europäer" sind, verfügen wir nicht über unbegrenzte Zahlungsmittel. So gaben wir beispielsweise Lebensmittel oder geringe Geldbeträge nur an Gebrechliche, ältere Menschen. Geld auf keinen Fall an Kinder, da sonst die Gefahr besteht, dass die Eltern nicht mehr arbeiten und ihre Sprösslinge zu den Alleinverdienern der Familie werden – so, wie es in Afrika oft üblich ist. Es wurde nicht immer positiv gesehen, wenn wir helfen wollten. So haben wir es in Südafrika erlebt, als wir unser Zelt am Ende unserer Reise zwei Kindern schenken wollten. Sie hausten unter Pappkartons. Ein Erwachsener bekam dies mit und schimpfte wild gestikulierend auf uns ein. Er meinte, die Kinder seien nicht obdachlos. Und mit unserem Geschenk würden wir nur dafür sorgen, dass diese womöglich nicht mehr nach Hause gehen.

Wolltet Ihr das Zelt Eurer jüngsten Reise auch verschenken?

Nein, es ist bei Petras Eltern. Vier von fünf Reißverschlüssen sind kaputt.

Wo war die Armut am größten?

Bei der Alaska-Feuerland-Tour in Bolivien und in Peru. Dort suchten die Menschen teilweise im Müll nach Essbarem. Ansonsten in Indien und in weiten Teilen Afrikas.

Einfaches Leben in den Bergen Perus.

Wo war es besonders dreckig?

In Nord-Peru. Die Küste dort war komplett verdreckt und zugemüllt, schrecklich.

Was hat Euch noch überrascht?

Dass in Alaska so viele windige und miserabel isolierte Hütten aus Pressspanplatten rumstehen. Wir erwarteten doch eher die typischen stabilen Blockhütten, die wir aus zahlreichen Filmen kannten. Alaska-Romantik eben, aber die haben wir eher vergeblich gesucht. Enttäuscht waren wir von den argentinischen Steaks: Meist nur dünne zähe Lappen oder fette Brocken. Ich *(Volker)* hatte auch die Vorstellung, dass die temperamentvollen Südamerikaner in konfliktreichen Momenten leicht aus der Haut fahren. Doch das war selbst in brenzligen Verkehrssituationen nie der Fall. Als ich im dichten Verkehr der Stadt Huánuco in Peru von einem Autolenker geschnitten wurde, trat ich diesem in die Fahrertür. Was in Deutschland sicher zu erheblichen Streitigkeiten geführt hätte, entlockte dem peruanischen Fahrer lediglich ein beiläufiges Achselzucken.

Alausi, Ecuador.

1. Sonderprüfung: Kein Licht in Zimmer 3

In Chitipa, einem Bergdorf unweit der Grenze zu Sambia (Südwestafrika), bezogen wir ein nettes kleines Hotel. Der Manager und das Personal schwirrten um uns herum. Sie bemühten sich unglaublich um uns und halfen, das Gepäck auf Zimmer 8 zu hieven.

Als wir noch einen Spaziergang in den Ort machen wollten, bemerkten wir, dass unser Zimmer keinen Schlüssel hatte. Der Manager stellte schließlich fest, dass es für diesen Raum gar keinen gibt. Zimmer 3 könne „mit Schlüssel" vermietet werden. Wir zogen um. Im Bad funktionierte das Licht nicht. Kein Problem, meinte der Verantwortliche, nachdem wir ihn erneut aufgesucht hatten. Zimmer 8 hätte Licht! Er würde jemanden schicken, der die Glühbirne aus Zimmer 8 heraus- und bei uns, im 3er, hineinschrauben würde. Doch ich *(Volker)* hatte es eilig, benutzte schnell die Toilette in Zimmer 8. Die Spülung ging nicht. Sie holten Wasser aus Zimmer 3.

Wir wollten uns waschen, zogen uns aus und freuten uns auf eine heiße Dusche. Ob's funktioniert, testeten wir vorab. Petra stellte rasch fest, dass das Wasser fast kochend aus der Leitung kam, kaltes Wasser dazu drehen ging nicht. Ich

Gegen die Vergesslichkeit: Allabendliches Tagebuchschreiben.

zog mich wieder an und sprintete einmal mehr zum freundlichen Hoteldirektor. Er war sichtbar stolz über seine Problemlösungsstrategien und versprach, einen Boy mit einem zusätzlichen Eimer kalten Wassers vorbeizuschicken.

Petra hatte sich in der Zwischenzeit mit Wasserspritzern geholfen und ihre Katzenwäsche abgeschlossen. Das Wasser kam nun gar nicht mehr so heiß daher und ich sputete mich, um unter die Dusche zu kommen. Kaum stand ich eingeseift drunter, versiegte die Quelle. Der Boy klopfte an die Tür, mit dem Eimer kalten Wassers zum Mischen. Mir wurde vorgeschlagen, Zimmer 8 zum Waschen zu nutzen. Dort funktioniere zwar die Klospülung nicht, die Dusche dagegen wäre super. Mit Schaum in den Haaren eilte ich über den Innenhof des Hotels zu Zimmer 8 und fand trotz Dunkelheit – denn die Glühbirne war ja jetzt in Zimmer 3 – das Bad und absolvierte die Körperwaschung im Eiltempo, da ich nicht wusste, was noch alles passieren könne ...

In Deutschland wäre ich mir sicher gewesen, der „Versteckten Kamera" aufgesessen zu sein. In Afrika ist das normaler Alltag und keiner wüsste wahrscheinlich, was es dabei zu lachen gäbe.

Bearbeitet aus Volkers Reisetagebuch

4. Etappe: Ein großes schwarzes Loch

Wart Ihr während Eurer Tour mal ernsthaft krank?

Zweimal. Es waren jeweils Magenprobleme, die uns auch immer ziemlich lang beschäftigten. In Mexiko erwischten wir vermutlich einen schlechten Fisch. Der rumorte gleich ein paar Wochen in unseren Mägen. In Peru ist uns dann der Wasserfilter kaputtgegangen. Wir mussten uns mit Wasser aus einem Bach begnügen, haben es abgekocht – aber offenbar nicht lange genug. Vier Tage konnten wir überhaupt keine feste Nahrung zu uns nehmen, rannten täglich 15- bis 20-mal aufs Klo. Das war heftig, denn an Radfahren war dabei nicht mehr zu denken. Und wir mussten uns erst wieder jede Menge Gewicht anfressen.

Hattet Ihr Angst vor Krankheiten?

In den Ländern, in denen wir zuletzt unterwegs waren, war das Risiko, ernsthaft zu erkranken, bedeutend geringer als in Afrika. Aus diesem Grund machten wir uns keine großen Sorgen.

Dachtet Ihr an die Möglichkeit, abbrechen zu müssen, weil immer irgendetwas passieren könne? Krankheit(en), Verletzungen?

Es war uns stets bewusst, belastete uns aber nicht. Glücklicherweise ist alles gutgegangen.

Gab es während Eurer Reise ernsthaftere Verletzungen?

In Costa Rica hatten wir eine Unterkunft mit einem römischen Bad gemietet. Der Besitzer war noch nicht zurück, als wir dort ankamen. Die Tür stand offen, wir gingen hinein, es war komplett dunkel. Plötzlich fiel ich *(Volker)* in ein schwarzes Loch – das war das Becken des Bades. Es ging zirka einen Meter nach unten. Ich hatte mir die Schulter geprellt, schmerzhafte Angelegenheit beim Radfahren. Und in einer Dusche in Panama bin ich *(Volker)* gestürzt und prellte mir den Rücken. Er wurde geröntgt. Monatelang behinderte mich die Blessur, und ich bewegte mich lange wie ein 90-Jähriger.

Ihr musstet das Röntgen und die Behandlung direkt vor Ort bar bezahlen. Hat Euch Eure Krankenversicherung daheim die Kosten erstattet?

Das hat problemlos geklappt.

Eingang zum Canyon Del Pato, Peru.

Petra hatte vor dem Abflug nach Alaska eine Schleimbeutelentzündung im Knie? War dies die Folge des Sturzes zu Beginn der Reise?

Nein, das kam einfach durch Überlastung. Ich *(Petra)* bin dann auch gleich zu einem Orthopäden, um die Sache anschauen zu lassen. Wir verkürzten die Fahrt durch Deutschland um elf Tage, damit das Knie heilen konnte. Natürlich habe ich mir dabei gedacht, dass die Reise „schon gut losgeht".

Somit war es ab Alaska kein Problem mehr?

Es belastete mich nicht mehr.

Wie habt Ihr Euch während der Reise krankenversichert?

Über die ACE-Versicherung, das kostete uns nur 580 Euro pro Person für 13 Monate, ohne Eigenbeteiligung. Das war sehr günstig. Es gibt natürlich auch Reisekrankenversicherungen für 12 Euro im Monat, aber die kann man immer nur für kurze Zeiträume abschließen, und sie decken auch nicht alle Krankheitsfälle ab. Unsere Versicherung konnten wir auf Antrag für ein weiteres Jahr verlängern.

Was Ihr dann auch gemacht habt. Wie ging das vor sich?

Wir hatten den ausgefüllten Antrag bei unseren Freunden in Bad Reichenhall hinterlegt. Sie haben diesen kurz vor Ablauf unseres ersten Reisejahres rechtzeitig eingereicht. Es war nicht sicher, ob er wieder bewilligt werden würde – es klappte zum Glück.

Habt Ihr Euch während der Reisezeit arbeitslos gemeldet?

Bezüglich der Arbeitslosigkeit hatte ich *(Volker)* mich vor unserer Reise, exakt nach Beendigung meiner Arbeit, von März bis 13. April 2011 *(Tag der Abfahrt / Anm. d. Autors)* arbeitslos gemeldet, weil dadurch der Anspruch für vier Jahre erhalten blieb. Bei Reisebeginn meldete ich mich ab und nach unserer Rückkehr wieder an. Für 2011 war die Meldung wichtig, da sonst, nach einem Jahr, jeglicher Anspruch verfallen wäre. Das heißt: einmal melden gleich vier Jahre Bestandsschutz. Hätte ich mich nicht gemeldet und wäre ein Jahr nach Anspruchsbeginn auf dem Amt erschienen, hätte ich nichts mehr bekommen.

Und wie sah das bei Dir aus, Petra?

Bei mir war's sehr viel komplizierter, da ich durch das Sabbatjahr noch ein Jahr länger im Beschäftigungsverhältnis war – ganz genau bis 30. April 2012. Ich habe mich dann – wieder daheim – am 3. April 2013 arbeitslos gemeldet. Da noch kein Jahr vorüber war, hatte ich dadurch wieder Anspruch auf Arbeitslosengeld. Inzwischen scheint sich die Gesetzeslage aber wieder geändert zu haben.

Information

Im übertragenen, neuzeitlichen Sinn bezeichnet das Sabbatjahr, englisch Sabbatical, eine drei- bis zwölfmonatige – oder auch längere – Auszeit vom Job oder auch ein Arbeitszeitmodell, zum Beispiel mit Teilzeitarbeit. Ein Sabbatjahr gibt für viele Motivationen Anlass, seinem derzeitigen Leben eine Wendung zu verpassen. Eine dieser Möglichkeiten ist es, für eine Zeit lang ins Ausland zu gehen. Möglichkeiten für eine derartige Aus(lands)zeit gibt es viele, mit teils ganz unterschiedlichen Ausrichtungen.

Quelle www.sabbatjahr.org/sabbatjahr-ausland.php

Bussi.

5. Etappe: Pistensaltos

Wie habt Ihr Euch kennengelernt?

Unsere erste Begegnung war 1990 im „Kuckucksnest" in Berchtesgaden. Sie fiel mir sofort auf, vielleicht war es sogar so etwas wie Liebe auf den ersten Blick, da ich von Anfang an große Sympathie für sie empfand. Petra spielte Billard und ich habe mich irgendwann in die Nähe gesetzt, um ein wenig davon aufzuschnappen, was sie so sagt *(schmunzelt)*. Du hast mich belauscht? *(Frage von Petra nach über 20 Jahren Beziehung)*. Nein, nein, ich war nur neugierig *(Antwort von Volker)*.

Petra, fiel Dir Volker sofort auf?

Ich kann mich daran erinnern, dass er dort war, aber ich dachte mir nichts weiter. Ich befand mich damals in einer Beziehung.

Gemeinsam stark.

Wie ging es dann weiter?

Wie sich bald herausstellte, sollten wir fast so was wie Kollegen werden. Denn sie war Altenpflege-Schülerin in der Insula *(ein Seniorenzentrum / Anm. d. Autors)* in der Strub und ich fing dort bald drauf als Lehrer an. Sie war meine Schülerin.

Dennoch wurde ein Paar aus Euch.

Erst als diese Lehrer-Schülerinnen-Zeit vorbei war. Meine *(Volker)* Arbeit endete am 31. März 1992, einen Tag später sind wir zusammengekommen.

Wie lief das ab?

Wir waren am Jenner beim Skifahren. Petra konnte es gar nicht, schlug ein paar Saltos auf der Piste. Aber es machte ihr nichts aus. Ich habe gesehen: Diese Frau ist belastbar. Das hat mir gefallen. Ihre Beziehung war mittlerweile zu Ende gegangen. So fing es mit uns an.

Und kurz danach habt Ihr bereits zusammen gewohnt.

Petra zog bald darauf zu mir nach Marktschellenberg. Sie hatte zu der Zeit eine eigene Wohnung gesucht.

Ihr seid auf Euren Reisen tagtäglich zusammen. Was war die härteste Probe Eures Zusammenseins unterwegs?

Es gab bislang keine harte Probe. Wir hatten nicht das Gefühl, uns gegenseitig in Freiheiten einzuschränken. Es ist eher so, dass wir uns gegenseitig so akzeptieren, wie wir sind. Wir mögen den anderen so, wie er ist. Auch auf dieser Reise war es besonders schön, die Erlebnisse teilen zu können. Wir trafen viele Alleinreisende, die unglücklich darüber waren, keine Reisepartner zu haben. Wir verbringen die Zeit gern gemeinsam. Wir sind ein saugutes Team, sehr symbiotisch. Wir waren nie länger als vier Tage getrennt. Volker war mal arbeitsmäßig mit Jugendlichen bei einem Kletterwochenende. Diese Trennungen brauchen wir nicht.

Ihr verzichtet also ganz bewusst und gern darauf, Euch gegenseitig Freiheiten zu gestatten?

Volker war nach unserer Rückkehr ab und zu allein bei einer Skitour oder auch beim Langlaufen – und dann kam er zurück und meinte jedes Mal: Schade, dass Du nicht dabei warst. Wir geben uns auch Freiheiten, brauchen diese aber beide nicht unbedingt.

Warum warst Du (Petra) nicht bei der Skitour oder beim Langlaufen dabei?

Weil ich so kurz nach unserer langen Reise nicht jeden Tag unterwegs sein wollte und es auch nicht konnte. Ich war nach unserer Reise sehr gern daheim.

Barg das ständige Zusammensein auf den Reisen nicht auch mal schwierige Momente?

Natürlich gab es die. Es wäre auch unglaubwürdig, wenn das nicht so wäre. Freilich redeten wir auch mal eine Zeitlang nichts, weil wir uns über etwas ärgerten. Wir sind aber beide nicht nachtragend oder gar tagelang beleidigt.

Aber es gab sicher Dinge, die Euch bezüglich des anderen ärgerten.

Na ja, ich fuhr Volker hin und wieder zu schnell. Dann blieb er absichtlich zurück. Ich fuhr langsamer. Er daraufhin noch langsamer *(wir alle lachen lauthals)*. Das ist natürlich eitel und albern, gehört aber zum Leben.

Ohne solche Geschichten wäre es sicher langweilig. Gibt es sonst Langeweile in Eurem Leben?

Daheim schon, auf Reisen nie.

Habt Ihr einen Fernseher?

Das schon. Wir mögen die abendliche Berieselung durchaus. Ich *(Volker)* schau gerne Sport, Biathlon beispielsweise, Petra mag Krimis lieber.

Gab es während der Tour auch mal richtig Streit zwischen Euch oder war es immer harmonisch?

Freilich zankten wir uns auch mal, aber das dauerte meist nicht lange, fünf Minuten, allerhöchstens *(beide schmunzeln)*. Ich war mal stinksauer, als mir Petra auf Madagaskar den Wechsler *(ein Schaltauge – die Verbindung des Fahrradrahmens zum Schaltwerk / Anm. d. Autors)* verklemmte. Oder wenn sie mir – weil sie lieber in die Gegend schaute als auf die Straße – ständig hinten drauf fuhr. Bei unserer letzten Reise ist sie mir bestimmt hundert Mal hinten reingerummst, die blöde Kuh *(lacht)*.

Hattet Ihr bei all den körperlichen Strapazen eigentlich noch Lust auf Sex?

Jaaaaaaaaaaaaa ...

Wie nennt Ihr Euch gegenseitig? Gibt es Spitznamen?

Das würdest Du gerne wissen *(beide schmunzeln)*, aber die behalten wir für uns. Es gab in den ganzen Jahren einige Namen. Volker ist da sehr erfinderisch, manchmal sagt er „dich muss Gott an einem Sonntag erschaffen haben" oder „du bist ein Goldklümpchen unter tausend Kieselsteinen". Ich erinnere mich, dass Volker mal bei einer Skitour in Berchtesgaden – als er vor mir ging – „mein Kräuterlein" gesagt hat. Nur: Ich war nicht mehr hinter ihm, sondern ein Berchtesgadener. Volker wird das grinsende Gesicht des anderen Skitourengehers wohl nie wieder vergessen. Mir *(Volker)* ist das auch bis heute furchtbar peinlich.

1. Zwischenzeit: Ein Sheriff sah schon mal nach den beiden Deutschen

Mit der Ankunft in San Diego (USA) hatten die Brauns den nordamerikanischen Kontinent vertikal durchquert und befanden sich kurz vor Mexiko: „Nach unserem Start am 25. Mai in Anchorage und die Fahrt durch Kanada passierten wir am 25. Juli 2011 die Grenze zu den USA." Während ihnen das Land des roten Ahornblattes mit seinen endlosen Wäldern nach sechs Wochen arg aufs Gemüt schlug, hechelten Petra und Volker in Montana von einem Baum zum nächsten. Schlagartig stiegen die Temperaturen in der Prärielandschaft auf 36 Grad, dazu wehte ein starker Südwestwind, der das Weiterkommen erschwerte. Als einzig schattenspendender Pausenplatz diente oft nur eine Leitplanke.

Der Kalorienbedarf war nach wie vor ungebrochen: „Während eine vierköpfige Familie eine Large-Pizza verspeiste, schafften wir es – zum Erstaunen aller Anwesenden – zu zweit eine Party-Pizza zu verdrücken. Grundsätzlich ist das Essen in den USA besser als sein Ruf. Während ich *(Volker)* mir unter US-Bürgern immer fettleibige, Hamburger-vernichtende Bewegungsmuffel vorgestellt hatte, gibt es eine Vielzahl an guten Versorgungsmöglichkeiten. An erster Stelle stand für uns das asiatische Buffet. Für im Schnitt sieben Euro konnten wir zu unserer Freude, und zum Leidwesen des jeweiligen Restaurantbesitzers, unsere hungrigen Radlermägen füllen." Als echte Zumutung empfanden Petra und Volker das amerikanische „Brot", vergleichbar mit trockenen Toastscheiben, mit dem einzigen Unterschied, dass es nicht schimmelt. Manche nennen es auch Dichtungsmittel: „Weil es biegsam ist, kann es in den Satteltaschen jede Form annehmen."

Endlich Ruhe

Am 5. September saßen die Brauns mit diebischer Freude auf einem Campingplatz in Colorado und schauten zu, wie alle anderen abreisten: Es war Labour Day, das Ende der US-Hauptreisezeit: „Und damit war Schluss mit Kindergeschrei, surrenden Generatoren, holzhackenden Outdoorfreaks und Autotürengeschlage in der Nacht. Leider hatten wir aber nicht bedacht, dass nun auch fast alle Campingplätze schlossen." Als gute Alternative stellen viele Gemeinden kostenlose Übernachtungsmöglichkeiten in Form von City Parks zur Verfügung: Rastplatz-Bänke, Grillstellen, fließend Wasser und Toiletten. Wenn sie bei der Polizeistation Bescheid gaben, drehte der Sheriff des Ortes zu nächtlicher Zeit schon mal eine Kontrollrunde und schaute nach seinen Gästen

– auch jenen aus Deutschland. Die USA überraschten das Tandem immer wieder mit ungewohnter Gastfreundschaft: „Die Menschen boten uns oft einen Übernachtungsplatz an. Ann aus Cody (Wyoming) ließ sogar extra die Hintertür ihres Hauses auf, damit wir während ihrer Abwesenheit duschen konnten."

Den Gipfeln entgegen, Chile.

Mit der Ankunft im Bundesstaat Utah war auch die Zeit der Bärenbegegnungen vorbei. 24 Stück zählten die Brauns während ihrer Fahrt durch Alaska und die USA. Sie schlugen ihr Zelt nun meist irgendwo in der Wüste auf und schliefen mit Coyoten-Geheule ein. Nur dreimal gönnten sie sich bis hierhin ein Hotel: „Wie schön ist es doch, unter eine Dusche zu springen, anstatt im Kochtopf einen Liter Wasser zu erhitzen. Wie angenehm ist es, sich auf einem großen weichen Bett mit vielen Kopfkissen zu räkeln, statt auf der dünnen Campingmatte mit dem Kleidersack als Kopfkissen. Wie viel Sicherheit vermitteln doch vier feste Wände statt eines Zeltdachs."

Zelt-Sicherung

Bei ihrer ersten USA-Reise vor sechs Jahren hatten die beiden gebürtigen Rheinländer zwar schon von Thunderstorms gehört, waren aber nie betroffen: „Diesmal hat's uns gleich zweimal voll erwischt. In kürzester Zeit baute sich eine Gewitterfront mit heftigen Sturmböen auf. Im Great Sand Dunes-Nationalpark in Colorado flog unser Zelt samt Inhalt davon. Wir hatten aber Glück, in der Nähe zu sein und konnten es rasch wieder einfangen. Denn wir hatten auch schon andere Camper getroffen, die verzweifelt nach ihrem Zelt suchten, das der Wind quer über den Campingplatz geschleudert hatte. Beim zweiten Sturm in Utah kauerten wir rund eine halbe Stunde wortlos im Zelt und versuchten, trotz Beschwerung der Heringe mit großen Steinen, unsere Zeltstangen am Boden zu halten – was uns glücklicherweise gelang."

Inzwischen fiel den Reichenhallern das Treten auf ihren schweren Fortbewegungsmitteln, zwei Koga Miyata Worldtraveller-Rädern aus den Niederlanden, leichter. Den Yellowstone-Nationalpark erreichten sie früher als erwartet. Im Süden der USA herrschten immer noch Temperaturen um die 45 Grad im

Schatten – und so „gönnten" sich Petra und Volker eine Zusatzrunde durch den hochgelegenen und kühleren Bundesstaat Colorado: „Wir befuhren Passstraßen bis auf 3.500 Meter und schafften es gerade noch, vor dem Einsetzen des ersten Schnees im September, das tiefergelegene Utah zu erreichen." Der Bundesstaat mit seinen roten Felsformationen und riesigen Canyons, durch die sich der 2.333 Kilometer lange Colorado River schlängelt: „Atemberaubend".

Und plötzlich war die Welt fast wieder Schwarz-Weiß: Sandsturm in Argentinien.

Vollmond-Romantik

Die verbleibende Strecke in den USA führte die Brauns durch trockene und heiße Wüstenregionen in Arizona und Kalifornien: „Um der Tageshitze zu entgehen, fuhren wir einmal bei Vollmond." Die Freundlichkeit der Leute, die abwechslungsreiche Landschaft sowie das meist geringe Verkehrsaufkommen, besonders in Montana und Wyoming, bei gut ausgebauten Straßen mit breitem Randstreifen, ließen den Westen der USA zu einem einzigartigen Raderlebnis avancieren.

6. Etappe: Vom eigenen und dem Glück der anderen

Elf Jahre wart Ihr auf vielen Reisen mit Euren Rädern unterwegs und hattet dabei für lange Zeit Eure Art des Unterwegssein gefunden. Gab's auch mal einen Pauschal-Urlaub? So, wie ihn der Großteil der „Reisenden" verbringt?

Einmal, Mitte der Neunziger, und es war schrecklich. Mit Neckermann nach Tunesien, eine Hotelwoche in Hammamet am Meer. Und es ist wirklich alles in die Hose gegangen. Der Flieger konnte nicht landen, weil die Piste unter Wasser stand. Wir flogen zurück nach Tunis und wurden auf dem Flughafen regelrecht festgehalten, obwohl das Hotel von dort aus viel näher lag. Nach einer Nacht haben sie uns dann doch rausgeschmissen. So wurde aus einer normalerweise nur Eineinhalb-Stunden-Anreise eine 14-stündige Tortur.

Ging es dann besser weiter?

Im Gegenteil: Das Hotel war fürchterlich, dort hielten wir es nicht lange aus. Wir haben uns einer viertägigen Jeep-Safari angeschlossen und dadurch praktisch zwei Urlaube gebucht und bezahlt. Dabei wurde die ganze Teilnehmer-Gruppe krank, bekam Shigellenruhr vom Essen.

Wart Ihr von dieser Art des Reisens danach endgültig geheilt?

Wir waren es eine ganze Weile. Mittlerweile können wir uns durchaus wieder vorstellen, eine Pauschal-Woche zu buchen. Nächstes Jahr geht's vielleicht mit Freunden in die Türkei, mit Mountainbike-Touren, Wandern und so weiter.

Welche besonderen Auszeiten habt Ihr Euch auf Eurer Tour gegönnt?

Weihnachten 2011 waren wir für zwölf Tage am Strand in Zipolite in Mexiko und mieteten uns dort mit Freunden aus Deutschland ein Strandhaus. Bei 35 Grad im Schatten baden, in der Hängematte liegen, Cappuccino trinken und bloß keinen Sport. Nach dieser Faulenzerei war's gar nicht so leicht, sich wieder in Mexikos Verkehrschaos zu stürzen.

Und in Bolivien wart Ihr auf Jeep-Safari.

Vier Tage lang. Wir waren froh, diese 800 Kilometer lange Runde um den Salar de Uyuni nicht mit dem Rad zurücklegen zu müssen. Laut Radreiseführer hätten wir ein GPS gebraucht, dazu Essensvorräte für zehn Tage und ausreichend Wasser. Der Wind in dieser Region soll zeitweise so stark sein, dass wir befürchten mussten, dass uns die komplette Ausrüstung ungesichert davon fliegen würde. Dazu gab's Nachttemperaturen bis zu minus 20 Grad. Wir waren nach dieser Tour müder als wären wir vier Tage geradelt.

Wo hattet Ihr in dieser Zeit Eure Räder gelassen?

Im Hostel in Tupiza. Dort hatten wir die Tour gebucht.

Ihr seid ab und zu auch mit dem Boot, dem Bus oder Leuten, die Euch mit ihren Privat-Pkw mitgenommen haben, gefahren.

Insgesamt vielleicht zehn Mal. Aus den bereits genannten Gründen: Eine für das Rad schlechte Strecke, eine miserable Versorgungslage, zu viel und vor allem gefährlicher Straßenverkehr, auch immer dann, wenn es von der Lage her zu heikel war und wir vorab vor einer Gegend gewarnt wurden – beispielsweise wegen zu großer Überfallgefahr. Wenn die Einheimischen einen schon warnen, dann ist es einfach ratsamer, nicht allein weiterzufahren. Meistens waren es wirklich gute Ratschläge, weil wir dann tatsächlich viel Polizei auf den Straßen sahen, unter anderem in Guatemala oder in Kolumbien.

Naturgefahren oder gar -gewalten kamen Euch neben den Stürmen weniger in die Quere?

Vom Winde fast verweht, Argentinien.

In Taxco in Mexiko bebte während eines Konzerts die Erde. In der ganzen Stadt fiel der Strom aus – das hatte aber keinen weiter gekümmert.

Wie sah es mit Gewittern, Hagel, tagelangem Regen, Kälte, Hitze aus?

In Chile.

Mit der Hitze hatte ich *(Petra)* in Mittelamerika ganz schön zu kämpfen. Volker ist da unempfindlicher, er mag heiße Temperaturen lieber als ich. Er hatte ein Thermometer an seinem Rad, und ohne Absprache fing ich stets bei 30 Grad an, Unmutsgeräusche mit der folgenden Frage von mir zu geben: „Volker, wie heiß ist es eigentlich?" Er hasst dagegen den Regen und noch mehr die ständige An- und Auszieherei der Regenkleidung. In Kanada hatten wir immer das Gefühl, dass die Regenwolken regelrecht eine Jagd auf uns veranstalteten. Auf der anderen Seite des Sees schien die Sonne und wir fuhren mal wieder im Regen. Selbst wenn wir uns eine Pause in einem Restaurant gönnten, hörte es draußen schlagartig auf zu regnen und die Sonne kam raus. Saßen wir wieder auf den Rädern, tauchten erneut urplötzlich die Regenwolken auf, die sich – so kam es uns vor – hinter dem Restaurant versteckt und nur auf uns gewartet hatten. Das nahm ich ihnen persönlich krumm *(Volker lacht)*. In Utah war ich *(Volker)* gerade am Fluss mit der Abendtoilette beschäftigt. Ich dachte noch, dass sich ein Lastwagen mit ohrenbetäubendem Lärm näherte, als mich Petras Schreie in die Realität zurückholten. Von einer auf die andere Sekunde hatte sich ein Sturmtief genähert. Wir konnten nur im Zelt hocken und es mit vereinten Kräften beschweren, sonst wäre es für immer davongeflogen.

Welche persönlichen Temperaturrekorde habt Ihr während Eurer Tour verzeichnet?

Wettersturz auf 4.720 Metern, Peru.

Salzpfanne: Frühstück auf dem Salar de Uyuni, Bolivien. Die Salzkruste wurde vor über 10.000 Jahren durch das Austrocknen des Paläosees Tauca gebildet.

Wir hatten die gesamte Palette: von minus 15 Grad im peruanischen Hochland bis 40 Grad im Schatten in El Salvador.

Was bedeutet für Euch Glück?

Gesundheit. Sie steht an erster Stelle. Es gibt nichts Wichtigeres. Und den Mut zu besitzen, sich seine Träume zu erfüllen. Sich zu trauen.

Und was folgt danach?

Wir sind sehr glücklich, auch daheim. Dazu brauchen wir aber auch die Reise davor. Es ist womöglich ein Getriebensein. Und das hört auch nicht auf, womöglich nie. Ich *(Volker)* könnte nicht 30 Jahre im selben Job, bei einer Firma arbeiten. Das ist ein schrecklicher Gedanke, da würde ich in Depressionen fallen. Ein paar Jahre arbeiten, in dieser Phase gehört auch Langeweile dazu, dann wieder eine Zeit unterwegs sein – Unterwegssein wird nie fad. Auf Reisen ist es immer spannend, es gibt immer etwas zu tun. Das erfüllt einen. Allein schon die innere Unruhe vor der Abreise ist etwas Herrliches.

Gastfreundschaft: Beim Alpakahirten, Peru.

Seid Ihr einem Eurer Meinung nach besonders glücklichen Volk begegnet?

Geld und Reichtum scheint nicht unbedingt der Garant für Glück. Manchmal hatten wir das Gefühl, dass die Menschen in ländlichen Regionen, unter einfachen Lebensbedingungen, zufriedener sind als jene in den Städten. Uns hat mal ein Alpakahirte im Hochland Perus in sein einfaches Steinhäuschen eingeladen, auf 4.500 Metern. Er kochte Apfeltee, es war kalt, geheizt wurde mit Alpakadung. Er baute diese Unterkunft selbst, haust dort unter schwierigsten Lebensbedingungen. Er kam aus der Stadt hierher, versorgt sich und seine Alpakas selbst. Wir spürten, dass er gern dort ist.

Das alles würde folgende Statistik bestätigen: Deutschland liegt in der weltweiten Liste der „glücklichsten Menschen" lediglich auf Rang 30, während fast alle lateinamerikanischen Völker im Vorderfeld platziert sind.

Hilfsbereitschaft in den USA.

Die Lateinamerikaner sind stolz auf ihr Land, auf ihre Herkunft, ihre Familien. Den Deutschen fällt das wohl sehr viel schwerer, was vielleicht nicht nur in der Vergangenheit begründet liegt.

Ihr habt die Unterschiedlichkeit der Menschen hautnah erlebt.

In Peru und in Bolivien sind die Menschen zurückhaltender, deshalb aber nicht unhöflich. In den USA ist es natürlich genau andersrum: Die Amis sind sehr locker, gehen gleich auf einen zu, wollen sich unterhalten. Aber sie lassen sich auch für alles Zeit, kennen keine Hektik. Dabei sind sie in der Regel freundlich und kümmern sich rührend um ihre Gäste. Wenn in einem Hotel kein Platz mehr ist, rufen sie das nächstgelegene an und fragen dort nach freien Zimmern – wo gibt es so etwas bei uns? Das alles widerlegt auch das oft negative Bild, das über die USA in Deutschland weit verbreitet ist.

Seid Ihr zufriedene, glückliche Menschen?

Absolut. Selbstverständlich sind auch wir nicht immer gut drauf. Aber wir schätzen es schon sehr, das alles machen zu dürfen. Dass wir unsere Pläne umsetzen können, dass alles so gut klappt. Dass wir gesund sind, Kraft und Energie haben, um auf diese Art und Weise zu reisen. Das alles macht uns schon sehr glücklich.

Bis zum Horizont und noch viel weiter, USA.

Welche Motivation steckt hinter Eurem Tun?

Es ist wichtig, nicht nur von Dingen, die man tun möchte, zu träumen. Man muss sie auch leben. Dabei ist das „Anfangen" mit am wichtigsten. Man muss sich schon aufraffen, muss beginnen. Hat man das erst einmal geschafft, läuft es leichter und vieles von allein. Gerade bei unseren Reisen. Wir müssen dann irgendwie durch, natürlich im positiven Sinn.

Wie sieht dieses „Beginnen" aus?

Wir haben eine Idee und überlegen uns, ob und wie wir sie umsetzen können. Das klingt einfach, ist aber schon auch mit Überwindung verbunden. Denn wir wissen schließlich nicht, wie es nach einer Reise weitergeht. Es mag fehlendes Sicherheitsdenken sein, ich *(Volker)* bezeichne es als Glück, dass wir uns trauen, unsere Träume umzusetzen. Wir haben auch dieses Sicherheitsdenken, durchaus, aber sicher geringer als die meisten anderen unter uns. Das Schwierigste ist, wie gesagt, das Beginnen. Eine Zeit von zu Hause wegzugehen, empfinden wir nicht als Risiko. Wir machen uns keine Gedanken, dass wir – wenn wir zurückkommen – womöglich keine Arbeit mehr finden oder gar verhungern müssten. Im Gegenteil: Ich *(Volker)* habe nach den Reisen jedes Mal noch bessere Jobs bekommen. Außerdem haben wir keine großen finanziellen Ansprüche. Wir leben einfach. Jobs gibt es immer, auch wenn man schon 54 ist.

Restaurantküche, Peru.

7. Etappe: Come on, let's do our job

Wird selbst das Reisen – vor allem wenn man fast zwei Jahre am Stück unterwegs ist – nicht irgendwann zur Gewohnheit?

Der Tagesablauf ist immer ähnlich. Der große Unterschied ist aber, dass wir niemals die gleiche Strecke fahren, immer wieder andere Menschen treffen und permanent spannende Erlebnisse auf uns warten. Speziell bei einer so langen Reise kommt einem das Ganze auch manchmal wie im Arbeitsleben vor. Oft haben wir uns morgens mit Handabklatschen motiviert, mit den Worten: „Come on, let's do our job". Der Unterschied zum Arbeitsleben besteht natürlich darin, das wir das Ganze freiwillig machen, ohne Bezahlung. Wichtig ist für uns: Jeden Tag entscheiden können, wie unser Tag abläuft. Allerdings gehört auch immer eine ordentliche Portion Disziplin dazu, sonst wären wir wohl nie in Ushuaia angekommen.

Welchen besonderen Sinn erhält das Leben durch Eure Lebensweise – egal ob auf Reisen oder daheim?

Wir fühlten uns bei den Radreisen unabhängig und frei, hatten Spaß an der körperlichen Herausforderung. Es fühlte sich toll an, das Ganze aus eigener Kraft bewältigt zu haben. Es machte Freude, das Leben nach seinen eigenen Vorstellungen zu gestalten und sich dabei auch über Ängste hinwegzusetzen. Das schaffte viel Selbstvertrauen. Das Leben ist einfach viel zu kurz. Man sollte früh genug anfangen, seine Träume zu erfüllen. Wenn wir zufrieden sind, ist es meist auch unsere Umwelt mit uns. Wie oft mussten wir von Anderen hören: „So etwas wie Ihr hätten wir auch gerne gemacht, aber ... – die Kinder, der Job, die Rente – das würde bei uns nicht gehen." Das sind für uns meistens Ausreden, dass man es sich nicht traut oder eigentlich auch gar nicht will. Es ist nicht entscheidend, was man tut, sondern dass man es tut.

Kuna-Indianer auf den San Blas-Inseln, Karibikküste Panamas.

Macht Ihr Euch überhaupt Gedanken um Eure Rente?

Da ist bei mir *(Volker)* der Zug wohl schon abgefahren. Viel wird nicht dabei rumkommen. Gedanken machen wir uns aber schon, doch das hindert uns nicht daran, immer wieder zu verreisen. Wir könnten auch freiwillig einzahlen. Abgesehen davon haben wir keine großen Ansprüche und dürften deshalb trotzdem klarkommen.

Wie stellt Ihr Euch das „Klarkommen" im Rentenalter vor?

Wir haben kein Rezept. Es gibt einfach zu viele Unwägbarkeiten.

Ihr habt keine Kinder. Ganz bewusst, um Eurer Leidenschaft, dem Reisen, „ungestört" nachgehen zu können?

Heute haben wir bewusst keine Kinder. Aber nicht aufgrund unserer Reiselust. Es hat sich einfach nicht ergeben. Wenn es nicht in der ersten Phase der Beziehung passiert, ist es irgendwann zu spät. Weil man sich sehr an die Zweisamkeit gewöhnt hat, seinen beiderseitigen Lebensrhythmus gefunden hat. Dieses Thema war für uns dann irgendwann erledigt. Wäre ich jedoch schwanger geworden, wäre das völlig in Ordnung gewesen. Aber irgendwann waren wir halt auch zu alt dafür. Wir erahnen das einmalige Erlebnis, ein eigenes Kind zu haben, es aufwachsen zu sehen, die vielen Freuden. Auf der anderen Seite ist es nicht belastend für uns, dass wir keine Kinder haben.

Gab es eine Situation, Petra, in der Du dachtest, schwanger zu sein?

Die gab es. Wir waren gerade in Mosambik unterwegs, das war 2001. Mein Bauch wurde auf einmal immer größer. Wir sind in eine afrikanische Apotheke, wollten einen Schwangerschaftstest kaufen. Die Verkäuferin meinte nur, dass ich es schon merken würde, wenn es soweit wäre. Ich würde es dann ja sehen, wenn das Kind zur Welt käme. Für was bräuchte ich da einen Test? Wir waren auch im Krankenhaus, ließen mich untersuchen. Das war kurios: Da saßen viele afrikanische Mamas mit ausgestreckten Beinen auf dem Boden und warteten geduldig auf ihre Behandlung. Wir wurden sofort durchgewinkt und kamen gleich dran, weil bei Weißen davon ausgegangen wird, dass sie Geld haben. Volker wollte ganz selbstverständlich mit ins Untersuchungszimmer. Das sorgte für reichlich Gelächter im Gang. Die Frauen konnten es nicht fassen, dass mein Mann mit hineingehen wollte. Denn dort machen das die Männer nicht. Ich hatte keinerlei Schmerzen, nahm auch keine Medikamente. Irgendwann wurde der Bauch wieder kleiner. Ich weiß bis heute nicht, was das war.

Würdet Ihr anders reisen, hättet Ihr unbegrenzt Geld zur Verfügung?

Sicher nicht. Wir brauchen sowieso nicht viel Geld. Denn unsere Reisen sind unbezahlbar – an Erlebnissen, Eindrücken, Emotionen. Diese Intensität kann mit keinem Geld der Welt gekauft, nicht mit Millionen bezahlt werden.

Sprints: Omelette im Brotteig & Eine heiße Nummer zwischendurch

Gab es während Eurer Tour häufig Verständigungsschwierigkeiten oder sprachliche Missverständnisse?

Da gab's sogar einige kuriose Begebenheiten. In einem Restaurant in Peru hatten wir ein Omelett bestellt. Das war nicht durch und total schlabbrig. Wir baten die Bedienung, es nochmal in die Pfanne zu geben und verwendeten das englische Wort pan für Pfanne. Das Omelett bekamen wir zurück, in einem Brot eingewickelt – obwohl der ganze Tisch voller Brot war. Wie sich herausstellte, ist pan das spanische Wort für Brot. Die Bedienung muss uns für komplett verblödet gehalten haben. Nachher haben wir natürlich viel über diese Geschichte gelacht.

Das sind die Geschichten, die man erzählen kann, wenn man auf Reisen war. Habt Ihr davon noch mehr auf Lager?

Ein großes Missverständnis gab es, als wir uns eine alte Siedlungsstätte in Bolivien ansahen – auf diesem Kurztrip mit dem Jeep. Wir sollten in der Nähe übernachten. Unser Führer meinte, dass dort nur die Frauen schlafen dürften, und die Männer zurück müssten. So hatten wir das jedenfalls verstanden. Ich *(Volker)* war schon total sauer, weil ich dachte, ich müsse allein zurück und ganz woanders übernachten. Dabei meinte der Reiseleiter lediglich, dass dort früher jeder Mann vier Frauen hatte, und die seien immer in den Nachbarort geflüchtet – es ging damals wohl drunter und drüber.

Und in Mexiko habt Ihr es „bunt getrieben".

Zum einen gab es das Zelt, das uns als Übernachtungsmöglichkeit definitiv am Liebsten war, zum anderen die Hostels, die meistens über eine Gemeinschaftsküche verfügen. Alternativ natürlich Hotels und ganz spezielle Hotels in Mexiko: Als wir das allererste Mal dort gelandet sind, haben wir es gar nicht kapiert. Ich *(Petra)* freute mich nur über den riesigen Spiegel im Zimmer – man ist halt doch Frau – und die tolle, formschöne Ledergarnitur. Ich war beeindruckt. Als wir das Zimmer bei der Hotelmanagerin vorab zahlen wollten, wurde uns mitgeteilt, dass wir es um 24 Uhr wieder verlassen müssten. Spinnt die denn? Wir radeln doch nicht im Dunkeln weiter. Wir verstanden überhaupt nicht, wo das Problem läge, wenn wir bis zum Morgen bleiben wollten. Was ist das bloß für ein Hotel, wo wir mitten in der Nacht wieder raus müssen?

Wie ging es dann weiter?

Trotz Sprachbarrieren schafften wir es dann doch, die Hotelmanagerin davon zu überzeugen, uns ein Quartier für die ganze Nacht bereitzustellen. Nun mussten wir allerdings noch einmal umziehen – ein Zimmer mit gleicher Ausstattung –, alles sehr rätselhaft. Erst am späten Abend fiel uns das große, beleuchtete Reklameschild mit der Aufschrift „Sexspiele für Erwachsene" ins Auge. Dann war uns alles klar und wir mussten lachen. Als würden wir zwischen dem Radeln in der Bruthitze mal schnell „eine heiße Nummer" schieben und dann geht's weiter ... Da sich die Zimmerpreise der Stundenhotels mehr als akzeptabel gestalteten, oft viel günstiger als in „richtigen" Hotels, steuerten wir diese des Öfteren an. Sie hatten nicht nur preislich einen Vorteil, sondern auch noch andere Annehmlichkeiten: sehr sauber, nicht abgewohnt, ein gestochen scharfes Fernsehbild und eine eigene Garage mit Rolltor, von der aus das Zimmer betreten werden konnte. Also Tor zu, Kochplatz in der Garage eingerichtet – und die Räder brauchten wir nicht abzupacken.

Je länger, desto billiger – Peru.

2. Sonderprüfung: Pizza in Malawi

Am Ende unserer ersten Fahrradreise im Oktober 1999 kamen wir hungrig in Lilongwe, der Hauptstadt des kleinen afrikanischen Staates Malawi, an. Wir hatten die Nase voll von all dem schlechten Essen der letzten Wochen und konnten keine fettigen Pommes im Omeletteteig mehr sehen. Von der Hauptstadt versprachen wir uns einen lang herbeigesehnten, bescheidenen kulinarischen Genuss.

Die leuchtenden Buchstaben eines Werbeplakates vor einem Restaurant stachen uns direkt ins Auge: „The best Pizza in Town". Super, dachten wir, und mit knurrenden Mägen besuchten wir am Abend das verdächtig leere Restaurant. Nach einigen Minuten vernahmen wir schon das typische Sandalen-Schlurfen, das sich gemächlich unserem Tisch näherte. Anni, die Besitzerin des Lokals, brachte es auf erhebliche Körpermasse – eben eine echte afrikanische Mama. Das weckte bei uns große Hoffnungen auf die Nahrhaftigkeit der Speisen, da ich *(Volker)* seit meiner Malariaerkrankung mindestens fünf Kilo verloren hatte. Anni ließ sich nicht aus der Ruhe bringen, suchte umständlich in ihrer Schürze, um Blatt und Stift hervorzukramen. Ich bestellte eine Cola, Petra einen Tee mit Milch. Unser Versuch, auch gleichzeitig das Essen zu bestellen, wurde von Anni mit empörtem Blick und den Worten „No, first drinks" zurückgewiesen.

Big-Mama schlurfte wieder gemächlich in ihre Küche und erschien für eine gefühlte Ewigkeit nicht mehr auf der Bildfläche. „Wie ich so was hasse, besonders wenn ich Hunger hab." Anni erschien schließlich doch wieder. Um uns mitzuteilen, dass keine Milch im Hause sei. Und meine Cola hatte sie vergessen. „Ja, wir sind auch einverstanden, wenn der Tee ohne Milch kommt", antworteten wir eilig, um einen weiteren Versuch der Essensbestellung abgelehnt zu bekommen. „Unglaublich, das Lokal ist leer."

Anni verschwand erneut gemächlich in der Küche und brachte uns zirka zehn Minuten später einen Kaffee, da es auch keinen Tee gab. Immerhin war sie nun bereit, die „Pizzabestellung" aufzunehmen. Ich entschied mich für Pizza Margherita, da ich die Hoffnung hatte, dass diese am schnellsten zuzubereiten sei. Petra wollte eine „Regina". Anni antwortete genervt, dass sie beide nicht habe. Ich bekam einen hochroten Kopf vor Ärger, als sie auch unsere weiteren Pizzabestellungen ablehnen musste, da sie die jeweiligen Zutaten nicht habe. Ich wäre ihr am liebsten an den Hals gesprungen als wir erfuhren, dass sie überhaupt keine Pizza herstellen könne und auch noch niemals welche verkauft habe. Ich zeigte stotternd auf das große Reklameschild „The best Pizza in Town". Anni zuckte gelangweilt mit den Achseln.

Im Endeffekt gab es nur „Shima" – den geschmacklosen Maisbrei, den es an jeder Ecke gibt. Von einem anderen Deutschen, der in Malawi ein Lokal führte, erfuhren wir, dass viele afrikanische Restaurantbesitzer alles Erdenkliche auf ihre Speisekarte schreiben, was Hoffnung auf Kundschaft verspricht – denn wenn die erst mal sitzt, wird sie schon essen, was es gibt.

Bearbeitet aus Volkers Reisetagebuch

Da strahlt einer: Volker isst gern Pizza – möglichst XXL.

Lagunenrunde: Flamingos in Bolivien.

8. Etappe: Magische Momente

Welcher Ort übte eine besondere Magie auf Euch aus?

Für mich *(Petra)* war es oben in Bolivien. In der Salvador-Dalí-Wüste, eine über 100 Quadratkilometer große Steinwüste mitten im Nationalpark der Fauna der Anden „Eduardo Avaroa". Sie befindet sich südlich des Salar de Uyuni, dem größten Salzsee der Erde. Landschaftlich hat mich das sehr beeindruckt. Vor allem die Weite. Die kannten wir auch aus den USA, war aber hier ganz anders. Hier möchten wir am liebsten in der Tiefe des Horizonts versinken. Es gibt absolut keinen Bewuchs, alles ist völlig kahl. Die unglaublich klare Luft, die marmorierten Sandspiele, die leuchtenden Farben ... – unbeschreiblich schön. Grandios fand ich auch die farbigen Lagunen, deren Wasser durch Algen und ihren hohen Mineralgehalt grün, gelb, kastanienrot und hellblau gefärbt sind. Große Schwärme von Flamingos bevölkern die Lagunen. An der Laguna Helionda können wir uns ihnen bis auf wenige Meter nähern und tolle Fotos machen. Zudem sind in dieser unwirklich erscheinenden Landschaft Geysire sowie bizarre Fels- und Vulkanformationen zu bewundern. In der Mitte des Salzsees zu stehen und staunend zu sehen, wie sich das intensive Blau des Himmels vom weißen Salz abhebt, ist faszinierend. Und das alles in Höhen zwischen 4.000 und 5.000 Metern. – Mir *(Volker)* hat die Stadt Silverton in Colorado besonders gut gefallen. Das kleine ruhige Westernstädtchen liegt auf 2.800 Metern und ist von hohen Bergen umzingelt. Es gibt eine alte Dampfeisenbahn, die Silverton mit Durango verbindet. Der Ort ist über die zwischen Durango und Ridgway als Million Dollar Highway bekannte Fernstraße 550 erschlossen, die die Gemeinde über den Red Mountain Pass mit Ouray und über den Molas Pass mit Durango, dem touristischen Zentrum des südwestlichen Colorado, verbindet. Die Stadt lebt heute vor allem vom Tourismus. Wir fühlten uns in Wildwest-

Große Schwärme von Flamingos bevölkern die Lagune.

Zeiten zurückversetzt, so, wie wir es aus alten Filmen kennen.

Flamingo in Bolivien.

Hat Euch die dünne Luft dort oben zu schaffen gemacht?

In Ecuador waren wir schon ab 3.000 Meter ganz schön kurzatmig. In Peru haben wir mehr Akklimatisierungstage eingelegt und kamen viel besser mit der Höhe zurecht. Trotz alledem wurde es aber ab einer Höhe von 3.800 Metern immer ganz schön anstrengend. Während wir auf 2.000 Metern über dem Meeresspiegel ohne große Anstrengung 400 Höhenmeter pro Stunde zurücklegen konnten, waren wir ab 4.000 Metern glücklich, wenn wir 300 Höhenmeter schafften. Unser höchster Pass in Peru war der Huayraccasa. Vermutlich ist dies der höchste befahrbare Pass der Anden. Es ging bis auf 5.059 Meter.

Wieviel Prozent Eurer Leistungsfähigkeit brachtet Ihr auf 5.000 Metern Höhe noch in die Pedale?

Zirka 50 Prozent. Pro 1.000 Meter nimmt das um etwa zehn Prozent ab.

An welche Orte Eurer Reise würdet Ihr gern zurückkehren, um eventuell länger zu bleiben?

Also in die USA kehren wir immer gern zurück. Dort gibt es noch viele Ecken zu sehen. Auch in Chile wollen wir noch vieles entdecken, vor allem da wir die beiden „Wahrzeichen" Fitz Roy und Cerro Torre leider nicht „entdecken" konnten, vor lauter Nebel.

Das Dach der Tour, Peru.

Dort brauchen Durchreisende unglaubliches Glück, da es kaum gutes Wetter gibt ...

... man braucht fast unverschämtes Glück, um die Gipfel frei zu sehen.

Würdet Ihr ohne Räder wiederkommen, um „anders" zu reisen?

Auf jeden Fall. Wir können uns auch sehr gut einen reinen Wanderurlaub vorstellen, um viele schöne Ecken ohne Räder zu erleben. Dadurch ist dann auch mehr Energie für andere Sachen übrig, beispielsweise für eine Trekking-Tour. Es gibt so großartige Fernwanderwege, das reizt uns schon sehr, das haben wir im Kopf. Ob wir es tatsächlich machen, müssen wir abwarten.

Was reizt Euch reisetechnisch noch?

Aktive Vulkane interessieren uns sehr. Aber es gibt so vieles: Tierwanderungen in Afrika. Oder die Masai Mara, ein Naturschutzgebiet in Kenia. Es ist Teil der Serengeti und schließt sich direkt an den gleichnamigen Nationalpark in Tansania an.

Wo war es auf Eurer Tour am einsamsten?

In La Rioja in Nordwest-Argentinien: hundert Kilometer bis zur nächsten Ortschaft, kaum Verkehr.

Einsames Argentinien: Rund um den Vulkan Tromen.

2. Zwischenzeit: Erst nach den gefährlichen Ländern lauerte die Gefahr

Guatemala ist erreicht: Der Lago de Atitlán liegt knapp 1.600 Meter über dem Meeresspiegel. Umrahmt von mehreren 3.000 bis 4.000 Meter hohen Vulkanen bezeichnen ihn viele als schönsten See der Welt. „In einem angenehmen Gebirgsklima gönnten wir uns ein paar Tage Ruhe, ehe wir uns auf den Weg ins feuchtheiße Küstengebiet des Pazifiks durch El Salvador und Nicaragua machten. Wir starteten meistens schon um 5.30 Uhr und versuchten, uns um 11 Uhr vormittags wieder vor der Sonne zu verkriechen. Die Temperaturen bewegten sich mittags meist um die 35 Grad. Glücklicherweise waren die Unterkünfte günstig, und so freuten wir uns immer öfter über Zimmer mit Klimaanlagen an Stelle unseres nach wenigen Minuten stickigen Zeltes." Ab und an kamen Petra und Volker sogar in den Genuss eines Swimmingpools. Sonst badeten sie im Meer.

„Unbeschadet kamen wir durch die vermeintlich gefährlichen Länder. Dafür erwischte es uns im touristischen Costa Rica: Während wir beim Abendessen keine 20 Meter von unserer Bambushütte entfernt saßen, drang ein Dieb durchs Moskitonetz von der Rückseite her ein und stahl die EC-Karte, unsere analoge Fotokamera samt Film mit vielen unersetzbaren Aufnahmen sowie 200 US-Dollar in bar. Eigene Blödheit, aber wir hatten nicht mit der Unverfrorenheit des Eindringlings gerechnet, sonst hätten wir nichts im Zimmer gelassen".

Wir wollen nicht auswandern

An der Grenze zu Panama wollten sie die beiden Deutschen erst gar nicht reinlassen, da sie kein Ticket für eine Weiterreise vorweisen konnten. Erst nach längerer Diskussion und dem Nachweis ausreichender Barmittel konnten die Brauns den zuständigen Zöllner davon überzeugen, nicht auswandern zu wollen. Sie durften passieren.

Der Darién-Dschungel unterbricht die Straße von Panama nach Kolumbien. „Wir benötigten eine Alternative und hatten Glück." In der karibischen Hafenstadt Portobelo trafen sie Michel, Kapitän des 80 Fuß langen Zwei-Mastseglers „Independence". Er hatte noch Platz auf seinem Schiff. „Somit war unsere Einreise nach Kolumbien gesichert." Zum Höhepunkt der fünftägigen Reise zu

Karibikfeeling, San Blas-Inseln, Zentral-Amerika.

Wasser geriet der Besuch der San Blas-Inseln. Diese werden von den Kuna-Indianern verwaltet. Die meist unbewohnten kleinen Eilande mit ihren makellosen Sandstränden und üppigem Palmenbewuchs, umrahmt von Korallenriffen, erfüllen alle Träume eines Insel-Paradieses.

„Am 10. April 2012 trafen wir nach fast einem Jahr der Reise in Cartagena und somit in Südamerika ein. 18.630 Radkilometer lagen nun hinter uns. Durch Nord- und Zentralamerika sind wir gut gekommen." Mit den hohen Anden-Pässen sowie den klimatisch extremen Bedingungen Südamerikas hatten die Brauns den schwierigeren Reiseabschnitt allerdings noch vor sich. Entsprechend groß war ihr Respekt.

9. Etappe: Geschmackserlebnis Dottersack

Thema Essen: Welche außergewöhnlichen Dinge bekamt Ihr auf den Tisch – und habt Ihr sie auch gegessen?

Also ich *(Volker)* bin für exotische Sachen nicht recht empfänglich und eher konservativ zurückhaltend. Petra hat diesbezüglich keine Hemmungen, sie ist eine Allesfresserin *(er schmunzelt)*. Und da ich dann immer Fotos machen muss, wenn Petra etwas Außergewöhnliches isst, komm ich gar nicht dazu, Käfer oder Heuschrecken zu essen *(er lacht)*. In Peru habe ich *(Petra)* ein halbes Meerschweinchen mit Kopf probiert, das ist dort eine Spezialität. Aber es war kein Geschmackserlebnis. Da ist nichts dran, es ist nur fettig und knochig. Insgesamt war auf dieser letzten Reise aber nicht so viel richtig Exotisches geboten.

Dann habt Ihr diese Dinge eher auf anderen Reisen erlebt?

In Kambodscha habe ich *(Petra)* mal eine Vogelspinne gegessen, die in heißem Fett frittiert wurde.

Wie hast Du es geschafft, in eine Vogelspinne zu beißen? Stellst Du Dir dabei etwas anderes vor? Nach dem Motto „Augen zu und durch“.

Nein, das nicht. Die Beine der Vogelspinne ähneln der Konsistenz von Salzstangen. Der Körper schmeckt fast wie eine Garnele. Erst hinterher erfuhr ich,

Gaumenfreuden: Grillplatte, Südamerika.

dass ich den Dottersack hinten nicht hätte essen sollen – er wäre aufgrund seiner Füllung mit bitterem Schleim ungenießbar. Da war es bereits zu spät. Er schmeckte in der Tat richtig scheußlich, extrem bitter. In Afrika habe ich die verschiedensten Käfer probiert, die Märkte sind voll davon. Auch mit Heuschrecken. *Volker:* In Thailand gab's alle Arten von Käfern, Petra war zu ungeduldig und griff zu. Der Verkäufer machte uns schließlich darauf aufmerksam, dass die eigentlich erst hätten frittiert werden müssen.

Was würdest Du (Petra) denn gerne mal probieren?

Was denn noch? *(Sie schmunzelt).* Mit einem Freund wollte ich in Kambodscha mal eine Art Wettessen auf dem Markt durchführen – nach dem Motto: Wer kann mehr Ekelhaftes essen? Leider gab dieser Markt keine „Spezialitäten" her, somit fiel unser Amokmahl aus. Volker war auch erleichtert, da er mir versicherte, mich danach vor Ekel wochenlang nicht mehr küssen zu können.

Wie schwer war die Versorgung, drei, vier Tage ohne Zivilisation?

Nichts für Zart-Besaitete: Restaurant mit Fleisch-Auslage, Ecuador.

Es geht, da wir immer für zwei, drei Tage Essen und Trinken im Gepäck hatten. Auch wenn wir Thunfisch aus der Dose und Nudeln irgendwann nicht mehr sehen, geschweige riechen konnten.

Auf was ist besonders zu achten?

Am meisten Vorsicht ist beim Trinken geboten. In Nordamerika darf man das Wasser aus Seen, Bächen oder Flüssen – auch wenn es noch so klar aussieht – nicht einfach zu sich nehmen. Es muss immer gut abgekocht oder zumindest aufbereitet werden.

Wie viel Einfachheit konntet Ihr aushalten? Und im Gegenzug: Wie viel Luxus musste sein?

Wir freuten uns eigentlich über jeden Ort, über jede Form von Zivilisation – so gern wir auch die Einsamkeit und die damit verbundene Einfachheit genossen. Besonders in Kanada richteten wir uns danach, wie gut die Versorgungslage war und legten unsere Pausentage darauf aus. Luxus ist relativ. Ich *(Volker)* mag ihn schon auch, da bin ich kein Kostverächter. Wenn wir eine nette Unterkunft sahen, gönnten wir sie uns durchaus. Vor allem, wenn Regen nahte.

10. Etappe: Weiße Trauben aus dem Tetrapack

Gab es – vor allem auf Euren Reisen – Rituale, ohne die es nicht ging?

„Ich wünsche Dir einen schönen Radltag", das sagten wir uns jeden Morgen gegenseitig. Ein Glückspfennig, den wir von Freunden geschenkt bekamen, war immer dabei. In Alaska hatte uns ein französisches Radpärchen, das schon ewig unterwegs war, eine Baba Yaga geschenkt. Ein Strohpüppchen aus Russland als Talisman. Wir sollten dieses am Endpunkt unserer Reise an andere „Weltreisende" weitergeben ...

... was Ihr dann auch gemacht habt?

Ein 18-jähriger Engländer, der mit dem Motorrad unterwegs war, bekam die Baba Yaga. Er hatte erst vor vier Wochen den Führerschein gemacht. Er wollte unsere Route, nur in exakt umgekehrter Reihenfolge bewältigen, also von Feuerland bis Alaska.

Konntet Ihr seinen Weg weiter verfolgen, besteht noch Kontakt?

Wir haben Mail-Kontakt mit ihm.

Hattet Ihr Glücksbringer oder Talismane in Eurem Gepäck?

Bei unserer Südafrika-Tour 2001 gab es ein furchtbares und grausames Erlebnis. In Pretoria wollten wir unsere Visa für Mosambik beantragen. Als wir durch die Stadt schlenderten, hörten wir ein Rauschen in der Luft. Direkt neben uns stürzte ein Mann aus dem sechsten Stock eines Hauses kopfüber auf den Asphalt. Er war sofort tot. Betroffen von diesem Ereignis kauften wir uns eine Talisman-Amulett-Kette, die wir zufällig in einem Geschäft sahen. Sie hatten wir seitdem auf Reisen immer bei uns, aber dann irgendwann leider verloren.

„Jeden Tag ein Glas Wein, das muss sein" – eine Aussage vor Eurer jüngsten Reise. Hat dieses Vorhaben geklappt?

Meistens schon. In Mittelamerika war uns der Wein allerdings zu teuer, ab Peru hat es dann wieder ganz gut geklappt.

Rot oder Weiß?

Weiß, trocken, oft aus dem Tetrapack.

Und aus Plastikbechern?

Nein, aus der Kaffeetasse. Petra hat von mir auch einen Outdoor-Weinbecher geschenkt bekommen. So einen Quatsch gibt es manchmal zu kaufen.

Wie umfangreich gestaltete sich Euer Essgeschirr?

Zwei Teller, zwei Tassen, jeweils zwei Messer, Gabeln und Löffel, einen Schneebesen, einen Pfannenheber, einen Dosenöffner, zwei Schneidemesser, zwei Töpfe und eine Pfanne.

Kalorienbomben-Start: Frühstück in den USA.

11. Etappe: Hand im Klokasten

Würdet Ihr sagen, dass Euch auch etwas fehlt, auf Reisen?

Das Schönramer Bier *(Volker lacht)*. Nein, im Ernst: Das eigene Haus, die Freunde, manchmal die Ruhe, wenn es auf den Campingplätzen recht turbulent zuging und zu lange und zu laut gefeiert wurde. Uns ist auch oft das private Bad daheim abgegangen. In den USA und in Alaska, wo wir oft auf Campingplätzen übernachtet hatten, waren die Bäder vom Standard zwar in Ordnung, trotzdem hatte ich *(Volker)* mit der Zeit eine regelrechte Phobie gegen meine Toilettennachbarn entwickelt. Unter der Toilettenwand konnte ich am Stand der angezogenen Zehen – die meisten tragen in der Sommerzeit Sandalen – genau erkennen, in welchem Stadium des angestrebten Stuhlgangs sich der Nachbar gerade befand, falls dieses akustisch ohnehin nicht schon zu vernehmen war.

Was war in diesem Zusammenhang noch schwierig?

In Zentral- und Südamerika gibt es offenbar keine Sanitärfachmänner. 90 Prozent der Anschlüsse sind undicht und es rinnt aus allen Dichtungen. Oft be-

Dusche mit Ausblick.

findet sich die Dusche, die meist keinen Vorhang besitzt, direkt vor oder fast über dem Stillen Örtchen. Es gibt zwar einen Abfluss, doch der ist oft verstopft. Beim nächsten Toilettengang mussten wir dann durchs Wasser waten, um auf der vom Duschen noch nassen Klobrille Platz zu nehmen. Ich *(Volker)* entwickelte mich mit der Zeit zum regelrechten Experten für defekte WC-Spülungen, die ich notdürftig in Stand setzte. Das heißt: Hand in den Klokasten und rumfummeln. Es gab kaum eine Unterkunft, an der Petra nicht nach dem Toilettenprofi rief.

Was habt Ihr noch vermisst?

Uns fehlte auch der eigene Herd, denn es ist nicht so einfach, auf einer Flamme eines Gas- oder Benzinkochers ein tolles Essen zuzubereiten. Und: Unglaublich, aber wahr, wir vermissten auch irgendwo den TÜV, wenngleich wir in Deutschland meist darüber schimpfen. Aber die stinkenden, qualmenden Auspuffe, die röhrenden Motoren und das laute Geknatter haben uns oft, besonders in Zentral- und Südamerika, um den Verstand gebracht.

Entstanden während Eurer Reise (echte) Freundschaften?

Bezüglich der letzten Reise müssen wir das noch unter Vorbehalt bewerten. Wir sind momentan noch nicht lange wieder zurück. Ansonsten haben wir beispielsweise Kontakt zu zwei Pärchen, die wir seit unserer Afrika- und Indienreise 2001/02 kennen. Die einen waren damals sechs Monate mit einem VW-Bus in Afrika unterwegs, wir haben sie bei den Victoriafällen getroffen. Die anderen haben wir in Nepal auf dem Annapurna Trek kennengelernt.

Beschränken sich die Reise-Freundschaften auf den deutschsprachigen Raum?

Das ergibt sich fast zwangsläufig, da man die gleiche Sprache spricht, oft die gleiche Mentalität hat. Man tauscht sich, so weit von daheim entfernt, gern mit Landsleuten aus. Wir hatten auch mal längere Zeit Kontakt mit zwei Kanadiern, aber der ist mittlerweile verloren gegangen.

Einfach Advent: Mit Reisefreunden in Tolhuin, Argentinien.

Geht Ihr auf Euren Reisen bewusst auch auf Einheimische zu oder lasst Ihr es eher darauf ankommen?

Das Problem bei der letzten Reise war unser schlechtes Spanisch. Dieses beschränkte sich auf das Wesentliche: ein Zimmer buchen, einen Kaffee bestellen und so weiter. Um eine richtige Unterhaltung zu führen, reichte es einfach nicht aus. Berührungsängste, um auf die Menschen zuzugehen, hatten wir nicht.

Dennoch habt Ihr ab und zu privat Unterkunft bei Einheimischen gefunden. Wie ergab sich das?

Das funktioniert vor allem in den USA, da die Menschen dort offen, herzlich und auch sehr aufgeschlossen sind. Wenn da zwei so Figuren wie wir daherkommen, dann wollen sie alles über einen wissen. Was wir hier machen und warum wir es machen. Sie haben auch großes Vertrauen und legten uns den Schlüssel ihres Hauses auf die Veranda, wenn sie wussten, bei unserer Ankunft noch nicht zurück zu sein. Es geht dort einfach lockerer zu. Gerade die Amerikaner sind unglaublich begeisterungsfähig. Sie kleben nicht an ihren Jobs wie wir Deutschen. Wir trafen einige, die mit 40 oder 50 Jahren ihre Arbeit gekündigt hatten, Haus und Hof verkauften und mit dem Wohnmobil dort leben, wo es ihnen passt. Aber auch in Südamerika erhielten wir nie eine Abfuhr, wenn wir nach einem Zeltplatz im Garten gefragt hatten.

In der Nähe von San Diego (Kalifornien) habt Ihr mal eine richtig feine Unterkunft „verpasst".

Das war wirklich ärgerlich. Wir waren im Yellowstone-Nationalpark unterwegs und durften unser Zelt nicht auf einem Campingplatz aufstellen, weil die Sicherheitsbedingungen verschärft wurden. Eine Woche zuvor war ein Wanderer bei einer Grizzly-Attacke ums Leben gekommen. Aus diesem Grund waren nur Wohnmobile erlaubt. Zumal die Bären in der Zeit Junge hatten und dadurch gefährlicher waren, trauten wir uns nicht, wild zu zelten. In einem Restaurant lernten wir Cathrin aus San Diego kennen, die dort arbeitete. Sie sorgte dafür, dass wir die Hotelnacht statt für 140 Dollar (zu zweit) für 100 Dollar bekamen. Sie war von unserer Reise so begeistert, dass sie uns zu sich nach Hause einlud, wenn wir Kalifornien erreichen würden. Zwei Monate drauf kramten wir ihre Telefonnummer aus unseren Taschen und kontaktierten sie. Sie hatte nicht viel Zeit und meinte, wir sollten später nochmal anrufen. Also radelten wir weiter nach San Diego City. Beim nächsten Anruf erfuhren wir dann, dass sie in San Diego District, und nicht in der Stadt wohne. Wir waren zuvor fast an ihrem Haus vorbeigefahren und wussten es nicht. 35 Kilometer

Seltener Luxus: Miet-Cabana im chilenischen Seengebiet.

zurückradeln wollten wir dann aber auch nicht mehr. Dabei schien sie paradiesisch zu wohnen. Der Yakuzzi *(eine Art Whirlpool / Anm. d. Autors)* war schon vorgeheizt, von der Terrasse ihres Anwesens hätten wir den Sonnenuntergang genießen können. Der Wein war bereits vorgekühlt, und wir Deppen radelten einfach daran vorbei – und mussten am Abend mit einem völlig überteuerten Campingplatz vorlieb nehmen. Wir haben uns noch tagelang darüber geärgert.

Welche positiven Überraschungen im Bezug auf die Gastfreundschaft Einheimischer habt Ihr auf Euren Reisen sonst noch erlebt?

In Schweden, bei unserer Nordkaptour 2006, wollten wir unser Zelt in einem kleinen Waldstück aufbauen. Es war dort nicht einfach, einen geeigneten Platz zu finden, da die Region dicht besiedelt ist. Wir fanden ein kleines Wäldchen, nah an einem Haus. Um niemanden zu verärgern, wollten wir die Anwohner des Hauses um Erlaubnis fragen. Doch es war kein Mensch anzutreffen. Deshalb haben wir beim Nachbarn nachgefragt. Der hatte nichts einzuwenden. Als wir anfingen, im strömenden Regen unser Zelt aufzustellen, erschien die Dame des Hauses im Bademantel und mit Regenschirm und bot uns einen Übernachtungsplatz in ihrem Haus an – natürlich nicht ohne ein gutes Abendessen.

In diesem Punkt gab es sicher weitere interessante Erlebnisse.

In Kanada wollte ich *(Volker)* in einer Bäckerei Brot einkaufen. Ein Einheimischer, der mich in meiner Radmontur erblickte, meinte wohl, dass ich ein feudaleres Frühstück verdient hätte und forderte mich mit den Worten „take what you want" auf, mehr einzukaufen. Die Kosten würde er übernehmen. Oft ist die Versorgungslage in den USA und Kanada sehr schlecht, auf dem Cassier Highway in Kanada gab's auf 700 Kilometern nur vier Geschäfte. Da ergibt sich rasch ein Engpass. Viele Campingplätze haben nicht mal einen Kiosk, um sich mit dem Notwendigsten eindecken zu können. Im Staat Washington hatten wir schon die Campingplatzgebühren gezahlt, als wir bemerkten, dass der Kiosk über keinerlei Lebensmittel verfügte. Also hätten wir eigentlich weiterfahren und versuchen müssen, die Platzkosten zurückerstattet zu bekommen. Die Rancherin fragte, welches Problem wir hätten, und als wir ihr mitteilten, dass unsere Lebensmittel nicht ausreichen würden, schwenkte sie ohne zu überlegen ihren Autoschlüssel vor unserer Nase. Sie meinte, wir könnten ihren Wagen leihen, um in den nächsten Laden – rund 25 Kilometer entfernt – zu fahren und unsere Besorgungen zu erledigen.

Hattet Ihr Eure Führerscheine dabei?

Ja.

Nervt diese ständige Suche nach genügend Lebensmitteln nicht irgendwann?

Nerven wollen wir es nicht nennen. Natürlich waren wir richtig glücklich, wenn unser Blick gleich gegenüber eines Campingplatzes, vor allem in Nordamerika, auf einen großen Supermarkt traf. Aber das war leider eher selten der Fall. Ansonsten mussten wir uns während dieser Reise ja ständig mit der Lebensmittelbeschaffung auseinandersetzen. Sie gehört einfach dazu.

So, und jetzt noch eine Story mit gastfreundlichen Einheimischen bitte.

In diesem Punkt könnten wir viele Geschichten erzählen, die Liste ließe sich fast unendlich fortführen. Der Escalante Canyon im Bundesstaat Utah hat uns 2006 sehr gut gefallen. Wir wollten deshalb ein paar Tage auf einem echten Traum-Campingplatz verbringen. Allerdings gab es mal wieder das übliche Problem: nicht genug Lebensmittel. Auf dem Campingplatz fragten wir rum, ob es jemanden gäbe, der am nächsten Tag zum Einkaufen in die Stadt müsse. Wir suchten nicht lange. Jeff fuhr mit uns in die 50 Kilometer entfernte Stadt. Erst da realisierten wir jedoch, dass er selbst gar nichts zu erledigten hatte, sondern nur wegen uns dorthin gefahren war. Er blieb die ganze Zeit seelenruhig in seinem Wagen sitzen und las in der Tageszeitung, während wir unsere Einkäufe erledigten. Wir fühlten uns in den USA einfach wohl, weil wir auch überall mit den Worten „It's nice to have you here" begrüßt wurden.

Wie geht es Euch dann, wenn Ihr ins doch etwas „kältere" Europa zurückkehrt?

Wenn wir nach einer dieser Reisen wieder zu Hause sind, haben wir immer das Gefühl, von all den netten Dingen, die wir erleben durften, etwas weiter geben zu wollen. Und so fragte ich bei strömendem Regen in Bad Reichenhall mal ein deutsches Radlerpärchen, ob sie nicht Lust hätten, bei uns zu nächtigten, anstatt bei dem Sauwetter bis zum Königssee weiter zu radeln. Ich erwähnte dabei, dass ich auch Reiseradler sei und – um keine Missverständnisse aufkommen zulassen –, dass meine Frau am Nachmittag von der Arbeit zurück sei. Sie schauten sich an, drucksten ein wenig rum und verneinten dann. Ich hatte das Gefühl, sie waren mit soviel Spontaneität überfordert und wussten nicht, wieso sie da ein Wildfremder einfach so einlud. Ich hatte nichts davon, aber sie misstrauten dem Braten. Andere Länder, andere Sitten – schade eigentlich.

Nehmt Ihr bewusst an fremden Festen oder Ritualen teil?
In Afrika liebten wir die Musik, die tanzenden Menschen und all die Lebensfreude, die damit verbunden ist. Wenn am Wochenende im Hinterhof die Disco stattfand, waren wir auch dabei und versuchten vergeblich, unseren steifen europäischen Bewegungsapparat den rasanten afrikanischen Rhythmen anzupas-

sen. Wir besuchten die stimmungsvollen Gottesdienste, die auch mal lediglich unter einem Baum stattfanden. Kurz gesagt: In Afrika ließen wir nichts aus, was mit Musik, Gesang und Tanz zu tun hatte. Afrika verkörperte für uns die reine Lebensfreude. In Asien war es eher das Gegenteil: Alles wirkte sehr kontrolliert, künstlich, und wir konnten dem meisten nichts abgewinnen. Am schlimmsten waren diese Karaoke-Veranstaltungen. In Indien gibt es viele religiöse Feste, die in ihrer Mystik faszinierend sind. Es kommt dort wohl auch oft zu Massenhysterien. Die riesigen Menschenansammlungen und die damit verbundene Enge nahm uns jedoch die Luft zum Atmen. In Nordamerika besuchten wir ein viertägiges Musikfestival in der Sierra Nevada. Wir waren begeistert von den Darbietungen verschiedener Stilrichtungen. Ein Mix aus Blues, Folk, Country und Blue Grass. In Südamerika bewegten wir uns in erster Linie in der Natur, dort bekamen wir eigentlich nichts von den traditionellen Festen mit.

Auf Madagaskar habt Ihr 2001 von einem außergewöhnlichen Ritual gehört.

Von der Leichenumwendung (Famadihana). Sie findet im Hochland beim Stamm der Merina oder Betsileo in der Regel alle fünf bis sieben Jahre statt. Es ist ein Fest der Ahnenverehrung. Den Lebenden im Schlaf erschienen, verlangt der Verstorbene nach Aufmerksamkeit. Dann ist die Zeit gekommen, den Verstorbenen aus seiner Gruft zu befreien, um ihn in frische Tücher zu wickeln und seine Gebeine an einen strategisch günstigen Platz zu positionieren – damit er Zeuge des dreitägigen Festes sein kann. Sie tragen den Leichnam durchs Dorf, um ihm eventuelle Veränderungen zu zeigen und ihm Geschichten, die sich während seiner Abwesenheit zugetragen haben, zu erzählen. Die Angehörigen geben dafür Unmengen an Geld aus, hier, im zehntärmsten Land der Erde. Denn die Ahnenverehrung ist wichtiger als das vergängliche Dasein in der Gegenwart. Leider sind wir nicht selbst Zeugen eines solchen Festes geworden.

In Nepal und in Indien wart Ihr jedoch Zeugen außergewöhnlicher „Angewohnheiten"
der Einheimischen.

Eigentlich wollten wir im Dezember 2001 von Nepals Hauptstadt Kathmandu ins indische Varanasi radeln. Doch die Deutsche Botschaft riet davon ab, die Situation im Land war angespannt. Maoisten überfielen Touristen und vor der Region des Daman Passes wurde gewarnt. Auch die Lage in Kathmandu war unsicher. Soldaten kontrollierten die Gaststätten in Thamel, dem touristischen Stadtteil, überall lauerte bis zu den Zähnen bewaffnetes Militär. Wir hatten kein gutes Gefühl, nach Varanasi zu radeln, und entschieden uns, zu fliegen. Eine Stunde Flug und dann mit dem Rad die verbleibenden 26 Kilometer in die Innenstadt. In einem Knäuel aus Rikschapiloten, Handkarrenschiebern und vollbepackten Fahrrädern versuchten wir, nicht die Fassung zu verlieren. Wir

konnten weder rechts noch links ausweichen und befanden uns in einem mit-
reißenden Strom lauten Verkehrs, der zum Herz der Stadt floss – dem heiligen
Fluss Ganges.

Immer wieder begleiteten uns skurrile Bilder am Straßenrand: Unter anderem
eine Menschenansammlung, die gerade einen Hund grillte. Wir erreichten zu
unserer Verwunderung unbeschadet die Ghats, die Treppenanlagen zu den
heiligen Badeplätzen, und mieteten uns in einem Turmzimmer eines ehemaligen Maharadscha-Palastes ein. Varanasi ist auch unter dem Namen Benares
bekannt und bedeutet „Stadt zwischen zwei Flüssen". Die hinduistischen
Pilger besuchen diesen Ort, um durch ein Bad im trüben Wasser des Ganges

reingewaschen zu werden. Wer sich in Varanasi verbrennen lässt, soll Erlösung
vom Zyklus der Wiedergeburten finden und auf sofortigem Weg in den Himmel gelangen. Wir erkundeten die engen schmutzigen Gassen der Altstadt.
Es kam uns vor, als wären wir ins finsterste Mittelalter zurückversetzt. Wir
besuchten den Verbrennungsplatz direkt an den Ghats. Bis zu 200 Menschen
werden hier täglich verbrannt. Die heilige Flamme, mit der das Feuer entzündet
wird, soll seit 5.000 Jahren brennen, erklärte uns der Turmwächter. Im obers-
ten Stockwerk des Turms warten todkranke Menschen auf ihr Ableben – und
ihre Verbrennung. Vor der Entzündung des Leichnams wird der oder die Tote

viermal im Sinne der vier Elemente vom Ehepartner umkreist, um Unabhängigkeit der Hinterbliebenen zu bewirken. Am Ende der Feuerbestattung muss vom Ehemann oder der Ehefrau der Schädel des verkohlten Leichnams mit einer Bambusstange zerschmettert werden, damit die Seele entweichen kann. Für Menschen, die sich die Bestattung beziehungsweise das dafür notwendige Holz nicht leisten können, kann gespendet werden. Die Asche wird anschließend dem heiligen Fluss übergeben, dessen Badeplätze direkt hinter dem Verbrennungsplatz flussabwärts liegen. Auf dem Wasser treiben nach Sonnenuntergang unzählige brennende Kerzen auf kleinen Blättern als Symbol für ein gutes Karma, das dem Menschen bestimmte Schicksal.

Wir saßen auf dem Balkon unseres Turms und starrten auf die flackernden Lichter, die langsam an unserer Unterkunft vorbeizogen. Im aufsteigenden Nebel zauberten sie unwirkliche Lichtspiele in die Nacht, die Prediger auf ihren Booten stimmten klagende Gebetssalven an. Wir konnten uns der mystischen Stimmung der Stadt, die einen tief in seinen Bann zieht, nicht erwehren. Am nächsten Tag war es bitterkalt und der Nebel über dem Fluss lichtete sich den ganzen Morgen nicht. Wir lagen im warmen Bett und lauschten den Beschwörungs- und Gebetsformeln der Badenden und Bootsfahrer. Seit zwei Monaten hatten wir nicht mehr regelmäßig auf unseren Rädern gesessen, und beim Gedanken, unser großfürstliches Quartier zu verlassen und in Indiens Alltag einzutauchen, fühlten wir uns wie reiche Adlige, die freiwillig zu den Leprakranken herabsteigen. Doch mit jedem Tag, den wir weiter zögerten, wurde es noch schwieriger. Also fuhren wir los.

3. Zwischenzeit: Manchmal fragten wir uns, was das Ganze eigentlich soll

Nach 23.760 Kilometern betraten Petra und Volker Ende Juli 2012 Cusco im peruanischen Hochland. Die auf 3.430 Metern Seehöhe gelegene Stadt war einst Hauptstadt und Herz des Inkareichs, noch mächtiger als Rom, seinerzeit.

20.000 Kilometer geschafft.

Sie gilt als die interessanteste Metropole Südamerikas. „Doch wir schleppten uns nur kraftlos vom Frühstücksraum in die erste Etage unserer Unterkunft und verbrachten den Rest des Tages im Bett."

Wohltat Regenzeit

„Im April 2012 waren wir mit einem Segelschiff von Panama nach Kolumbien übergesetzt und froh, endlich dem feuchtheißen Klima Mittelamerikas zu entkommen." Im April und Mai herrschte in Kolumbien Regenzeit. „Der bedeckte Himmel war für uns eine Wohltat."

Kolumbien galt lange Zeit als das gefährlichste Pflaster Südamerikas. Die Präsidialrepublik führt die weltweite Entführungsstatistik an. Ausländer wurden jahrelang als Geiseln festgehalten, illegal bewaffnete Gruppen und kriminelle

Cartagena, Kolumbien.

Banden versuchten, Lösegelder oder politische Forderungen durchzusetzen. Doch die vielen positiven Schilderungen anderer Reisender und die verbesserte Sicherheitslage der letzten Jahre schien nun eine Radreise auch durch das Hinterland Kolumbiens möglich zu machen.

„Wir folgten dem Lauf des Rio Magdalenas, des längsten Flusses Kolumbiens, über eine Distanz von rund 1.500 Kilometern, und bestiegen erst 300 Kilometer vor der ecuadorianischen Grenze einen Bus." Die einsame Grenzregion vor Ecuador galt als gefährlich, was auch an den zunehmenden Straßensperren von Militär und Polizei spürbar wurde. „Leider wird hier nur an Wochenenden verstärkt kontrolliert. Wir wollten kein unnötiges Risiko eingehen. Vom Busfenster aus tat es richtig weh, die wunderbare Landschaft nur vorbeifliegen zu lassen. Auch wenn uns der Regen verschont hatte, blieb uns in Ecuador aufgrund des bedeckten Himmels der Ausblick auf die berühmten Vulkane Chimborazo (6.267 Meter/inaktiv) und Cotopaxi *(mit 5.897 Metern der zweithöchste Berg Ecuadors und einer der höchsten aktiven Vulkane der Erde / Anm. des Autors)* verwehrt".

Busse transportieren fast alles.

In Peru folgte das Rad-Tandem wieder der Panamericana entlang der Küste, durch eintönig heiße Wüstenregionen. Einige der Städte wie Chiclayo haben den Ruf, besonders gefährlich zu sein. „Bloß nicht anhalten, fahrt weiter", rieten die Einheimischen den Brauns, selbst wenn sie nur kurz an einem Geschäft zum Auffüllen des Wasservorrates anhielten. „Der Fernverkehr war nervig und der berüchtigte Küstennebel Garua würde uns auf kurz oder lang auch noch die Sicht nehmen."

Schluss mit schlaflosen Nächten

Die Panamericana ist zwar der kürzeste und schnellste Weg von Alaska nach Feuerland, doch laut der Reichenhaller bei Weitem nicht der schönste: „Wir hatten die Nase gestrichen voll von dieser Route und entschieden uns, ab Trujillo über Nebenstraßen durchs Hochland der peruanischen Anden zu radeln. Rund 2.000 Kilometer bis Cusco lagen vor uns." Sie hatten den „Highway" kaum verlassen, da belohnte sie das Land mit großartigen Gebirgslandschaften. Der Verkehr verschwindend gering, die Gegend dünn besiedelt. Endlich konnten Petra und Volker wieder nach Herzenslust wild zelten. Das war aufgrund der Überfallgefahr an den Hauptstraßen der Küstenregion undenkbar gewesen. „Und damit war auch endlich Schluss mit den

Ecuador: Markttag.

schlaflosen Nächten in den lauten Unterkünften der Städte." Die Nebenstrecken waren gut zu finden, da es meist nur eine gab. „Wussten wir wirklich nicht

Saquisilí, Ecuador.

mehr weiter oder waren uns unsicher, warteten wir auf ein Auto, um nach dem richtigen Weg zu fragen."

Eisschicht auf der Außenhaut

Bald war Huaraz (3.090 Meter / 55.000 Einwohner) erreicht, der bekannteste Bergsteigerort Perus. Hier erstrecken sich die gewaltigen Gebirgszüge der Cordillera Negra und der Cordillera Blanca mit allein 50 Schneegipfeln und Eisgletschern in Höhen über 5.700 Metern. Darunter der Nevado Huascarán, mit 6.768 Metern Perus höchster Gipfel. Der Ausblick auf die gewaltigen Eisriesen gilt als idealer Platz, um sich an die Höhe zu gewöhnen und die Gefahr von Krankheiten zu verringern: Denn pro 1.000 Höhenmetern sinkt der Luftdruck um etwa zehn Prozent. Tagsüber kann das Thermometer selbst auf 2.000 Metern noch die 30-Grad-Grenze überschreiten, doch ab etwa 4.000 Metern – besonders auf den Hochebenen – weht ein eiskalter Wind. „Sobald die Sonne am Horizont verschwand, wurde es bitterkalt". Spätestens dann galt es für das Rad-Paar, sich ins Zelt zu verkriechen.

In Huaraz, Peru.

„Bei Nachttemperaturen von bis zu minus 15 Grad warteten wir am Morgen, bis die Sonne unser Zelt erwärmt hatte und die dünne Eiskruste auf der Oberschicht schmolz. Leider gab's nur selten die Möglichkeit eines wärmenden Feuers, denn in größeren Höhen steht kein Brennholz mehr zur Verfügung. Die Menschen, die hier oben in einfachen Steinhütten leben, benutzen den Kot von Alpakas oder Lamas als Brennmaterial."

Nach Huaraz war Schluss mit dem Tourismus: „Über Wochen trafen wir nur einen Motorrad- und einen Radfahrer. Während die meisten Gäste in Überlandbussen von einem touristischen Highlight zum nächsten rasten, waren wir froh, das Land fast im Zeitlupentempo genießen zu können. Denn gerade die täglichen Begegnungen mit Menschen am Wegesrand, die Auseinandersetzung mit unvorhersehbaren Situationen, das Ungewisse und Unbekannte, machten für uns den Reiz einer solchen Fahrradreise aus." In den Dörfern wurden Petra und Volker mit Zurufen wie „Hey Gringo, wo kommst du her, wo willst du hin?" oder „Hey Gringo, wir wünschen dir einen schönen Tag" herzlich begrüßt.

Geniales Fahrradland

„Wenn wir am Abend in der Nähe einer Alpakaherde unser Zelt aufschlugen, kamen die Viehhirten für einen kurzen Plausch – beiderseits in schlechtem Spanisch geführt – vorbei. Wenn mal wieder mit vereinten Kräften ein Haus aus gepressten Dungziegeln gebaut wurde, gab's für uns Chicha (Maisbier) am Wegesrand, und sie boten uns ein Zimmer im Haus oder den Garten als Übernachtungsplatz an. Peru, mit seinen gastfreundlichen Menschen und sei-

Einfaches Leben: Bei den Viehhirten in Peru.

ner gewaltigen und abwechslungsreichen Gebirgslandschaft, präsentierte sich uns als geniales Fahrradland. Doch man muss Bergstraßen lieben, um diese Leidenschaft teilen zu können. Auf dem Weg nach Cusco warteten elf Pässe über 4.000 Meter auf uns. Auf dem 4.650 Meter hohen Abra Yanashalla gerieten wir in dichtes Schneetreiben. Wir fuhren mit dem Rad auf den Abra Huayraccasa, mit 5.059 Metern unser höchster Pass", so Volker *(laut einigen Literaturangaben handelt es sich um den höchsten befahrbaren Pass Südamerikas).*

Die Straßen in den Anden kommen zwar nicht so steil daher wie in den Alpen, dafür sind sie entsetzlich lang. Häufig mussten die Weltreisenden, nur um ein Flusstal zu überqueren, 40 bis 60 Kilometer ins Tal. Auf der anderen Seite durften sie das Ganze dann wieder bergauf strampeln – was je nach Steigung ein bis zwei Tage in Anspruch nehmen konnte. Auf den 400 Kilometer langen Schotterstreckenabschnitten des insgesamt 2.000 Kilometer langen Weges nach Cusco machte den Wahl-Oberbayern vor allem der Staub zu schaffen. Der Verkehr war zwar gering, doch wenn Autos, Busse oder Lkw vorbeikamen, taten sie

Lagerplatz mit Tierblick: Alpakas in Peru.

dies mit ungebremstem Karacho. Auch ein Tuch vor Mund und Nase verringerte lediglich das Einatmen der größten Staubpartikel.

Auf Hundeverfolgung

„Das zweite Übel waren die Hunde. Da konnte eine Behausung 300 Meter von der Straße entfernt sein – die Köter nahmen grundsätzlich wild kläffend die Verfolgung auf. Mit lautem Geschrei und schwingenden Knüppeln hatten wir jedoch gelernt, uns zu verteidigen. Nach Lust und Laune drehten wir den Spieß auch mal um und verfolgten die Hunde."

Kurz vor Cusco gab der Wasserfilter der Brauns den Geist auf, und sie nutzten leichtfertig das unbehandelte Nass aus einem Bach. Am nächsten Tag ging prompt fast so gut wie nichts mehr: Magenkrämpfe, Durchfall, Übelkeit lautete das Ergebnis. „Dabei hatten wir uns so gefreut, nach 2.000 schweren Bergkilometern nach Cusco hineinzuradeln. Stattdessen mussten wir zehn Kilometer vor der Stadt ein Auto stoppen."

Gute Tage, schlechte Tage

„Auch wenn die positiven Erlebnisse auf solch einer Reise deutlich dominieren, so gab es doch auch immer wieder gewisse Tiefpunkte zu überwinden. Es kamen einfach die schlechten Tage, dann wünschten wir dem Sänger in der Karaoke-Bar, der uns seit Stunden den Schlaf raubte, eine Stimmbandentzündung. Die Maistortillas am kleinen Essensstand nebenan schmeckten wie Papp-

Hartes Radlerleben Teil I: Staubfressen in Peru.

Hartes Radlerleben Teil II: Gefährliche Engstellen in Peru

kartons mit Patchouli. Der Staub der exotischen Dörfer nahm uns die Luft zum Atmen und wir verfluchten den am Vortag noch so netten Lastwagenfahrer mit seiner defekten, ohrenbetäubenden Auspuffanlage für sein blödes Gehupe. Das war dort wirklich extrem. Wir wurden auf der gesamten Reise gefühlte 40.000 mal angehupt. In Peru und Bolivien tönten sie schon los, wenn sie uns in 300 Metern Entfernung sahen, dann wenn sie kurz hinter uns waren, schließlich direkt daneben ... – und wenn sie besonderen Spaß daran hatten auch noch, wenn sie uns längst passiert hatten. In diesen Momenten wollten wir die Räder einfach in die Ecke schmeißen, schielten neidisch auf jeden Motorisierten und fragten uns, was das Ganze eigentlich soll. Reiseradfahren kam uns dann wie die blödsinnigste Sache der Welt vor. Wir fühlten uns ausgepumpt, müde und regelrecht erschlagen von den vielen, ständig wechselnden Eindrücken. Wir sehnten in diesen Momenten einen Rückzug herbei und wollten von der anstrengenden Welt da draußen nichts mehr wissen."

Hartes Radlerleben Teil III: Achtung Schwerlastverkehr.

Doch zum Glück gibt's die guten Tage: „Da scheint einen der Wind die Berge hinaufzutragen und selbst die schmutzigsten Vorstadtorte besitzen einen Hauch von faszinierender Erotik. Wir erfreuten uns am aufmunternden Hupen und genossen die pulsierende Lebensfreude der Menschen in den lauten Großstädten. Dann war das Radfahren für uns die schönste Fortbewegungsart".

Wildcard: Vom Ankommen bis zum Zurückfinden

Urlaubsreise, Kurzreise, Pauschalreise. Urlaub und Reisen. Zwei Begriffe, landläufig in ähnlicher Bedeutung gebraucht. Bei intensiverer Betrachtung könnten sie indes nicht ungleicher sein. Ganz nach individueller Ausgestaltung unterscheiden sie sich wie Schwarz und Weiß, wie High Heels und Flipflops, wie Kaviar und trockenes Brot.

Peter Fröhlich, Anger.

Urlaub ist Auszeit mit Komfortgarantie, die Verfrachtung vom Arbeitszimmer in den All Inclusive-Tempel, vom Lederbürosessel in den Liegestuhl, vom Sofa zum Swimmingpool, vom Wohnzimmer ins Wohnmobil – und zurück. Reisen dagegen heißt: sich Einlassen auf das Ungewisse, das Ungeplante, auch das Unbehagen, das Überraschende. Das setzt Flexibilität, Furchtlosigkeit, Freude, ja Fanatismus, freilich positiven, voraus. Deshalb wird ein Urlaub im ewig gleichen Hotel, am ewig gleichen Strand niemals zur Reise.

Tatort Flughafen Frankfurt. Ich warte auf den Abflug zu meiner ersten längeren Reise – knapp zwei Monate Down Under. Australien. Mehr zum Zeitvertreib fotografiere ich den Werbeslogan einer Autofirma: „Warum sollte in Zukunft alles anders werden?". Dazu wird gleich die überzeugende Antwort geliefert: „Warum eigentlich nicht?". Ohne im Geringsten zu ahnen, wie sehr sich diese Worte als Suggestion bei mir einbrennen würden.

Prüfe ich meine Empfindungen, das was blieb, von dieser vergleichsweise kurzen Reise, so stelle ich mir vor, dass die nahezu zwei Jahre der Radtour der Brauns ein unermessliches Füllhorn kostbarer Augenblicke, unwiederbringlicher Eindrücke, vor allem jedoch unbezahlbarer Lebenserfahrungen über sie ausgeschüttet hat. Von A bis Z wird es gewiss keinen Buchstaben geben, der sich nicht mehrfach mit Erkenntnissen oder Superlativen belegen ließe. Neben all den positiven Aspekten war diese Zeit auch von körperlicher Anstrengung und Verzicht geprägt. So bewundere ich im Nachhinein den Mut und das Durchhaltevermögen der beiden, diese Reise realisiert, und beglückwünsche sie vor allem zu ihrem Entschluss, einen weiteren Traum gelebt zu haben ...

Gastkommentar von Peter Fröhlich

12. Etappe: Er hatte nicht mal etwas fürs Frühstück

Ihr seid ab und zu als „die zwei verrückten Deutschen, die mit dem Rad unterwegs sind", betitelt worden. Welche „anderen Verrückten" habt Ihr während Eurer Tour von Alaska bis Feuerland getroffen?

Peace for all: Langstrecken-
wanderer in Kanada.

Einen Bergführer, der mit einem Kinderwagen gejoggt ist. Darin hatte er aber kein Baby, sondern sein ganzes Gepäck. Die Amerikaner sind rigoros: Entweder sie machen nichts oder sie machen das, was sie machen, extrem. So war der Bergführer zum Zeitpunkt, als wir ihn getroffen haben, bereits 3.000 Kilometer unterwegs, quer durch sein Land. Auch zwei „Pilger" auf dem Kreuzweg haben wir, unabhängig voneinander, getroffen. Mit großen Holzkreuzen auf dem Buckel. Sie wollten auf Missstände in amerikanischen Familien hinweisen. Einer befestigte eine kleine Rolle hinten an seinem Kreuz, damit er es leichter hatte. Ein Surfer fuhr mit einem Tandem-Fahrrad von Strand zu Strand – das Surfbrett ragte rund einen Meter über den Gepäckträger hinaus. Eine Frau war mit zwei Pferden und einem Hund unterwegs, 8.000 Kilometer quer durch die USA. Das zweite Pferd war als Ersatz dabei, falls das erste lahmen sollte. Wir dachten oft, ob wir noch normal sind, mit unseren Fahrrädern. Und dann hörten wir von

Speziell: Kreuzfahrt in den USA.

einem Schweizer, der von Buenos Aires nach Ushuaia rund 2.500 Kilometer mit Inlineskates unterwegs war. Ein weiterer hatte sich aus Müllresten einen Karren gebaut und verbreitete die Parole „Peace for all". Überall stand „Peace" auf seinem Wagen aus Holz, Pappe, Plastik ... – er selbst hatte einen weißen Maler-Papieranzug an.

Hattet Ihr weitere Begegnungen der besonderen Art?

Eine Sache hat uns richtiggehend geschockt: Vor allem, da wir immer schön mit unseren Fahrrädern unterwegs sind, ohne finanzielle Sorgen, ja immer noch vergleichsweise luxuriös. Und dann liegt da plötzlich einer neben uns, unter einem Lkw, mit einer Plastikplane notdürftig zugedeckt. Er hatte kein Zelt, keine Taschen. Ein Obdachloser mit Fahrrad. Er hatte nicht einmal etwas fürs Frühstück. Wir haben ihm Kaffee gemacht, ein Butterbrot geschmiert. An diesen Amerikaner haben wir oft gedacht. Das war in der Nähe von Prescott in Arizona. Auch eine Berlinerin, die allein unterwegs war, hatte eine emotionale Geschichte im Gepäck: Sie war mit ihrem Mann zu einer Fahrrad-Weltreise gestartet. In Nepal. Nach kurzer Zeit wurde er überfahren und war sofort tot. Sie beerdigte ihn daheim und fuhr gleich wieder los. Als wir sie bei Cusco in Peru trafen, war sie bereits über ein Jahr unterwegs – wohl auch, um die schlimmen Ereignisse irgendwie zu verarbeiten.

War Euch diese Gefahr bewusst? Und inwieweit beschäftigte Euch das?

Sie war uns bewusst. Aber wenn wir ständig darüber nachdenken würden, bräuchten wir gar nicht erst loszufahren. Es beschäftigte uns nicht.

Welche Gefahrensituationen musstet Ihr überstehen?

Besonders in Mexiko fühlten wir uns als Verkehrsteilnehmer dritter Klasse. Trotz ausreichend Platz fuhren Busfahrer mit 100 km/h nur um eine Handbreite an uns vorbei. In den Städten schienen wir oft nur Luft zu sein – als hätten wir Radfahrer keinerlei Rechte.

Und neben dem Straßenverkehr?

In Indien versuchte mal ein Einheimischer, Petra an die Brust zu fassen. Sie war schneller und scheuerte ihm eine. Der Inder war offenbar nicht so viel europäische weibliche Emanzipation gewöhnt, sichtbar schockiert und wohl auch in seiner Männlichkeit verletzt. Als wir losfuhren, flogen Steine

Alternative: Straßensperren-Umgehung in Bolivien.

hinter uns her, die uns aber glücklicherweise verfehlten. Die größte Gefahr bestand vermutlich 1999 und 2001 in Afrika durch zwei schwere Malaria-Tropica-Erkrankungen. Eine Bilharziose-Erkrankung – Wurmbefall in inneren Organen – stellt zwar in Afrika die zweitgefährlichste, nach Jahren zum Tode führende Krankheit dar, konnte aber in Deutschland mit nur einer Tablette auskuriert werden. Wir radelten auch häufig durch Löwengebiete, haben allerdings nie auch nur einen zu Gesicht bekommen. Und ich *(Volker)* bin in Simbabwe, nur mit Sandalen an den Füßen, fast auf eine Puffotter *(Giftschlange aus der Familie der Vipern / Anm. d. Autors)* getreten. Ich konnte gerade noch ausweichen, es fehlte nicht viel.

Wie habt Ihr Euch geschützt? Welche Impfungen habt Ihr vorab vornehmen lassen?

Bei der letzten Reise benötigten wir keine Impfungen. Wir versuchten auch immer, das in Grenzen zu halten. Zu viele Impfungen können schaden. Gegen Hepatitis waren wir natürlich geschützt. Auf eine Malariaprophylaxe verzichteten wir, denn sie kann Angstpsychosen auslösen.

Welche Medikamente hattet Ihr dabei?

Ein Breitbandantibiotikum, Imodium bei Durchfallerkrankungen, Parazetamol für Schmerzen und Fieber und ein wenig Verbandszeug.

In Eurer Reiseliste fehlt nur noch ein Kontinent: Australien, auch Neuseeland.

Bisher standen diese Ziele nicht ganz oben auf unserer Wunschliste. Uns wurde schon öfter davon berichtet, dass Neuseeland kein geeignetes Land zum Radeln sei. Das wilde Zelten wäre schwierig und die Autofahrer seien relativ rücksichtslos. Offenbar ist es dort auch landschaftlich den Alpen sehr ähnlich, deshalb standen bislang immer andere Ziele auf unserem Tourplan.

Welche Destinationen stehen denn noch auf Eurer Wunschliste?

Ost-Tansania *(Petra)*, die Masai Mara, die Steppe, mit Krokodilen ... Mich *(Volker)* faszinieren die Fernwanderwege. Vielleicht machen wir das nie, aber reizen würde es mich schon sehr. Auch der große Apalachian Trail in den USA, der Pacific Coast Trail, mit über 4.000 Kilometern der längste weltweit. Der ganze Osten Europas ist sicher spannend, das fängt schon in Tschechien oder mit der Hohen und der Niederen Tatra an. Die Mongolei ist sicher toll, der Norden Indiens, mit Ladakh, würde uns auch reizen. Oder die Strecke Moskau-Hongkong, mit dem Zug. Im Himalaya gibt es noch so viele Ecken. Und warum nicht auch mal Mallorca, eine Woche mit dem Rennrad wäre dort sicher reizvoll.

Einsam unterwegs in Argentinien.

Traum-Zeltplatz im Hochland Perus.

13. Etappe: Das geschrumpfte Zelt

Welches Utensil ist das wichtigste in Euren Packtaschen?

Wir haben zu Hause jeden Gegenstand abgewogen und nur mitgenommen, was wir wirklich brauchten. Alles war wichtig. Wir hätten auf nichts verzichten können.

Und welches das unwichtigste, überflüssigste?

Wir hatten einen Outdoor-Kerzenhalter dabei, den man ins Zelt hängen kann. Komplett blödsinnig, weil man erst mal die richtige Kerzengröße dafür finden muss. Wir haben ihn als Gastgeschenk in Prescott (Arizona) gelassen. Auch der extra Weinbecher war relativ überflüssig. Aber ich *(Petra)* habe ihn behalten, weil der Wein darin so schön kühl blieb.

Wie habt Ihr es geschafft, so viele Zeltnächte auf engstem Raum miteinander klarzukommen?

Unser Zelt ist ein Drei-Mann-Zelt, das Innenzelt hat Maße von 2,25 mal 1,85 Metern, ist also recht groß. Das Gesamtzelt ist mit zwei Apsiden *(Als Apsiden werden Stauräume für das Gepäck bezeichnet, die sich nicht direkt im Innenzelt befinden. In der Regel befinden sich diese zwischen Eingang und Innenzelt / Anm. d. Autors)* fast fünf Meter lang – es gab also ziemlich viel Platz. Abgesehen davon lagen wir nur abends beziehungsweise nachts zum Schlafen drin. Der „enge" Raum war also kein Problem.

Was fehlte Euch auf Reisen überhaupt nicht?

Ein Fernseher.

Ein Handy seht Ihr eher als lästiges Übel?

Zu Hause haben wir noch nie eines besessen. Zur letzten Reise hatten wir ein Handy mitgenommen, zum ersten Mal. Das gab aber ziemlich schnell den Geist auf. Wir wussten nicht warum, und es hat uns auch nicht besonders gestört, weil so ein Ding nicht zu unserem Alltag gehört. Wir waren auch noch nie in der Situation, in der wir ein Handy unbedingt benötigt hätten.

Und einen schlechten Ausgang hattet Ihr einfach nicht auf Eurem Schirm?

Natürlich hatten wir das. Man darf sich aber nicht die ganze Zeit Gedanken machen, was alles passieren kann. Denn vermutlich wären wir dann niemals eine solche Reise angegangen.

Wie lange dauerte das Aufbauen des Zeltes am ersten Tag – und wie lange am letzten?

Da lag kein großer Unterschied dazwischen. In der Regel stand das Zelt in zehn Minuten. Dazu gibt es noch eine lustige Geschichte: Im Hochland Perus, auf 4.100 Metern, passten die Zeltstangen urplötzlich nicht mehr ins Gewebe. Als wären sie auf einmal viel länger. Ich *(Volker)* dachte: Bin ich noch ganz dicht, was ist denn jetzt los? Dabei hatte sich das Gewebe in der trockenen dünnen Luft und aufgrund der starken Sonneneinstrahlung enorm zusammengezogen. Es wurde schon dunkel und empfindlich kalt, ehe das Zelt stand – aber ich habe eineinhalb Stunden dafür gebraucht.

Was macht die fremde Frau da? Zelten auf dem Dorfplatz, Peru.

Radlertraum in Peru.

14. Etappe: 800 Euro im Nirwana

Wie schafft Ihr es, auf Euren Reisen jederzeit „flüssig" zu bleiben?

Wir fahren eine Dreifachschiene und haben Traveller Checks, die norma-le Bankkarte und eine Visa-Card dabei. Normalerweise sollte man so wenig Bargeld wie möglich mit sich rumschleppen. Das klappte im Laufe der Reise immer weniger gut. Darum hatten wir meist ziemlich viel Bares mit dabei.

Was war das Problem?

Wir wussten nie, ob der nächste Geldautomat wieder etwas ausspuckte.

Wart Ihr auch mal so klamm, dass es eng wurde?

Sehr sogar. In Panama. Dort kennen sie das Maestro-System nicht, und auch die Traveller Checks nahmen sie nicht an. Uns blieb nur die Visa-Card. Und da wir diese bis dahin noch nie hergenommen hatten, wusste ich *(Petra)* die PIN nicht mehr und habe sie falsch eingegeben. Prompt wurde die Karte nach drei Eingaben gesperrt.

Wie ging's dann weiter?

Wir hatten anfangs noch den Geldautomaten in Verdacht, doch nach mehreren erfolglosen Abbuchungsversuchen nahmen wir Kontakt zu unserer Hausbank

Stundenlanges Anstehen für ein paar Pesos: Alltag in Argentinien.

auf und erfuhren, dass unsere Visa-Card gesperrt war. Nach fünf Tagen konnten wir die Karte wieder nutzen.

Mit den Banken war es teilweise überhaupt recht abenteuerlich.

Wir haben in Südamerika die längsten Warteschlangen unseres Lebens gesehen: Bis zu 140 Leute vor einer Bank. Bei uns unvorstellbar.

Ist das dort ganz normal oder gab es einen besonderen Grund?

Diese Warteschlangen vor den Banken sind ganz normal. Sie gibt es wohl, weil alle Transaktionen – zum Beispiel Rechnungsüberweisungen – am Schalter durchgeführt werden müssen.

Ihr hattet 20.000 Euro pro Kopf zur Verfügung: Wie oft habt Ihr nachgeschaut, wie sehr die finanziellen Vorräte schrumpften? War es ein beklemmendes Gefühl, als es sichtbar weniger wurde?

Internetbanking ist ein großer Vorteil, den wir leider nicht nutzten. Bislang hatten wir auf unseren Reisen noch nie Schwierigkeiten mit Fehlbuchungen. Um unseren Kontostand zu überprüfen, hatten wir uns von zu Hause alle drei Monate regelmäßig den Kontostand per Mail mitteilen lassen. Da wir unsere Transaktionen, die wir unterwegs tätigten, in unserem Tagebuch festhielten, war uns aufgefallen, dass der Kontostand nicht mit unseren Abbuchungen übereinstimmte. In Mexico hatte uns die Bank 800 Euro abgezwackt. Wir hatten diesen Betrag zwar am Bankomaten angefordert, aber nicht ausgezahlt bekommen. Das Geld wurde dennoch abgebucht. Wir nahmen telefonisch mit unserer Hausbank Kontakt auf und bekamen die 800 Euro nach drei Monaten zurückerstattet. Es war wichtig, dass wir die Abbuchungen verfolgen konnten. Aber nach dieser Aktion waren wir natürlich verunsichert und ärgerten uns ständig darüber, kein Internetbanking vor unserer Reise abgeschlossen zu haben – da lernten wir mal wieder etwas dazu.

Wie viel habt Ihr im Schnitt benötigt?

Wir leben gerade auch auf Reisen sparsam und sind mit unserem Budget immer gut ausgekommen. Wir wissen mittlerweile auch, wie viel wir auf derartigen Touren brauchen: 1.000 Euro pro Person im Monat reichten auch diesmal locker.

Dann war Euer jüngstes Budget aufgebraucht. Wovon lebt Ihr dann daheim, bis neue Jobs gefunden sind?

Wir haben als Reserve auch daheim etwas zurückgelegt.

Petra, Du bist Altenpflegerin, Volker, Du bist Sozialpädagoge. Berufe, in denen es relativ leicht sein sollte, immer wieder Jobs zu finden. Ist auch das ein Grund dafür, dass Ihr so gelassen an Euer Leben rangeht und Eure Träume auslebt?

Es erleichtert die Sache. Denn es gibt sicher Berufe, in denen es schwieriger ist, einen Wiedereinstieg zu finden.

War Euer Reise-Budget vorab festzementiert? Oder wärt Ihr auch mit weniger Geld auf dem Konto gestartet?

Wir wären auf jeden Fall aufgebrochen, hätten die Tour dann aber kürzer gestaltet.

Gab es während Eurer Tour Momente, in denen Ihr Hilfe, egal welcher Art, dringend nötig gehabt hättet – aber keine bekamt?

Nein, wir haben immer Hilfe bekommen, wenn wir sie benötigten. Oder wir konnten uns selbst helfen.

Ein Abend am Lago de Atitlán, Guatemala.

Auch das Bargeld ging Euch nie aus?

Einmal schon: Wir hatten nicht mehr genügend Geld für die Fähre von Panama nach Kolumbien. Wir mussten diese bar bezahlen, aber der Automat spuckte mal wieder nichts aus. Warum, wissen wir nicht. Ob er einfach leer war oder nicht funktionierte, keine Ahnung. Es war oft so, dass direkt vor uns noch jemand Bares gezogen hat, es bei uns aber dann nicht mehr klappte. Ein deutsches Paar hat uns freundlicherweise 300 Euro geliehen, obwohl sie uns nicht kannten.

Windgeschützt, Peru.

Sie vertrauten Euch praktisch blind, denn Ihr habt Euch gleich wieder von ihnen getrennt. Wie habt Ihr den „Kredit" zurückbezahlt?

Wir hatten bei Freunden in Bad Reichenhall einige Blanküberweisungen deponiert und ließen das Geld von daheim aus überweisen. Ansonsten war das mit dem Bargeld aber nie ein Problem.

Konntet Ihr vor Eurer Tour Spanisch – die Sprache der meisten Länder, die Ihr zwischen Alaska und Feuerland durchfahren habt?

Nein. Wir haben bei der VHS in Bad Reichenhall einen Anfängerkurs belegt und während der Reise in Guatemala für eine Woche einen Privatlehrer gehabt.

Was haben die Kurse gebracht?

Das Lernen von Sprachen fällt uns recht schwer. Wir waren auch zu faul, um das Ganze zu vertiefen und haben uns oft über uns selbst geärgert. Im Endeffekt änderten die Kurse nichts. Letztlich reichte unser Spanisch nur, um das Notwendigste zu klären.

Mit Englisch kamt Ihr wohl nicht sehr weit?

Das können dort die wenigsten.

Ab wann wurde das Sprachliche schwieriger?

Ab Mexiko.

Unfreiwillige Auszeiten: Ohne Ausweis in Kathmandu

Ausnahmsweise, da man am Flughafen immer alles braucht und am besten alles zusammen hat, quetsche ich *(Volker)* die Traveller Checks, den Personalausweis, meinen Reisepass und 300 US-Dollar in meinen Bauchgurt. Im Gedränge der Hotelanwerber befindet sich ein fingerfertiger Dieb, der sich meine Klamotten schnappt. Da ich den großen Rucksack hinten, den kleinen vorne und mein Fahrrad an der Seite führte, hatte ich vor lauter Geschleppe nichts bemerkt.

Nach aussichtsloser Hin- und Hersucherei fahren wir mit dem Taxi etwa eine halbe Stunde in die Nähe von Thamel, dem touristischen Zentrum Kathmandus. Der Frust ist groß. Auf der anderen Seite hätte es bei einer sechseinhalb Monate langen Reise – zuvor waren wir ein halbes Jahr in Afrika unterwegs – auch schlimmer kommen können. Wir sind nicht überfallen worden, sind gesund. Alle Sachen bis auf das Bargeld lassen sich ersetzen, und glücklicherweise war wenigstens die Mastercard im von Petra eingenähten Geheimversteck unter dem Gürtel verschont geblieben.

Die Leute im River Hotel sind sehr höflich. Sie entschuldigen sich für den Diebstahl und geben uns das Gefühl, dass alles doch eigentlich gar nicht so schlimm sei. Ich krame das 24-Stunden-Notfallverzeichnis aus meinem Rucksack, um meine Traveller Checks telefonisch sperren zu lassen. Ich rufe in Delhi (Indien) an. Leider klappt das nicht so, wie wir es in der Werbung für American Express (A.E.) gesehen haben, denn der zuständige Sachbearbeiter ist schon zu Hause. Wir sollen am nächsten Morgen Punkt 9 Uhr auf den Rückruf von A.E. warten.

Weicher als Afrika

Heute können wir nichts mehr reißen, darum genehmigen wir uns einen ersten Snack im Hotel – Chilli-Chicken-Boneless – und bekommen einen ersten Eindruck von der großartigen Kochkunst der Nepalesen. Am Abend ist die Stadt auffallend ruhig: kein Verkehrslärm, kein Gebrülle, Radio- oder Fernsehgetöse. Und die Frauen tragen wieder lange Haare. Alles ist weicher, ruhiger und feiner als in Afrika.

Der Mann von der Rezeption wünscht uns zur Nachtruhe: „I hope you find peace here". Es ist kurz nach 18 Uhr, wir sitzen abgekämpft in unserem Hotelzimmer. Die erste Runde unseres klassischen Dritte-Welt-Behörden-Marathons ist vorbei und wir wissen noch nicht, an wen sie geht. Heute Morgen hatten wir umsonst bis 10 Uhr auf den Anruf von A.E. gewartet und dann selbst die Initiative ergriffen. A.E. Indien sei nicht mehr zuständig, wir sollten uns doch an das Büro in Kathmandu wenden. Dort erfuhren wir, dass zu einer Weiterbearbeitung der Polizeibericht von Interpol und mein Pass notwendig seien. Für einen neuen Ausweis benötige ich ebenfalls einen Polizeibericht.

Vergebliche Hoffnung

Wir fuhren mit kleinen dreirädrigen Taxis, den Tuk-Tuks, durch die engen und hoffnungslos überfüllten Gassen. Durga, ein Hotelangestellter, begleitete uns den ganzen Tag und half bei der Überwindung so mancher bürokratischer Hindernisse. Wir wollten nochmal zum Flughafen, womöglich hatte der Dieb nur das Bargeld genommen und den Rest weggeworfen. Es blieb eine Hoffnung.

Wir tuckerten zu Interpol. In der Wachstube saß ein völlig übermüdeter, junger Beamter. Er riss nach jedem Satz sein Maul bis zum Anschlag auf, um ungeniert loszugähnen und uns sein Racheninnenleben zu präsentieren. Entsprechend war seine Haltung im wackeligen Holzstuhl. Er machte keinerlei Anstalten, ein Protokoll aufzunehmen und zeigte nur – immer wieder gähnend – auf eine einzige, in großen Lettern geschriebene Verordnung: „Polizeiberichte werden nur nach Ablauf einer Woche erstellt". Zum Glück kannte Durga einen leitenden Polizisten von Interpol, und so bekamen wir unseren Polizeibericht außertourlich vom müden und jetzt auch stinksauren Beamten direkt ohne Schmiergeld.

„Blöde Sau" immer wütender

Interpol hatte keinen Kopierer! Also ab in die Stadt und bei der Gelegenheit gleich noch ein paar Passfotos gemacht. Dann wieder mit dem Taxi durchs Gewühl zu A.E. Am späten Nachmittag ging ein Anruf in unserem Hotel ein: A.E. Indien fühlte sich plötzlich doch wieder für uns zuständig. A.E. Kathmandu hatte auch angerufen: „Die blöde Sau von Polizist hatte drei Fehler in den Bericht eingebaut und das auch noch bei den Nummern der verloren gegangenen Checks". Ich *(Volker)* raste vor Wut. Also wieder zur Polizei. Mein Lieblingsbeamter begab sich nun wahrhaftig und mit flüssigem Tipp-Ex an die Verbesserung seiner Fehler. Glücklicherweise machte ihm sein Vorgesetzter einen Strich durch die Rechnung. Wutentbrannt musste er alles neu schreiben. So ging das Ganze ein paar Tage hin und her, ehe ich meine 2.500 US-Dollar-Checks wieder hatte. Die deutsche Botschaft zeigte sich äußerst kooperativ.

Erst nach drei Tagen können wir uns Kathmandu voll und ganz zuwenden. Thamel ist wie geschaffen für uns. Unzählige Sportgeschäfte bieten alles an, was das Expeditions- oder Bergsteigerherz gebrauchen kann. Zu Spottpreisen. Die Büchereien verfügen über die vielleicht größte Auswahl an Reise- und Bergführern, die wir uns vorstellen können. In mehreren Sprachen. Die passenden Reiseführer dürfen gebraucht ausgeliehen und anschließend zum halben Preis an das Geschäft zurückgeben werden.

Die beiden genießen das abwechslungsreiche, wilde Durcheinander der Stadt und laufen von morgens bis abends durch die Gegend. Sie können sich nicht satt sehen am bunten Treiben. „Unser Interesse an kulturellen Highlights ist eher unterentwickelt. Wir interessieren uns mehr für die kleinen Dinge, die sich täglich auf den Straßen Kathmandus abspielen."

Berge statt Fest des Jahres

Wir haben einen kleinen Imbiss außerhalb Thamels entdeckt, dessen hygienische Bedingungen einer Katastrophe gleichkommen. Dafür sind die einheimischen Köstlichkeiten ein Traum. Wir besorgen uns ein Trekking-Permit, da in der nächsten Woche alle Ämter geschlossen sind. Kathmandu feiert das größte Fest: Es ist der Göttin Durga (Kali) gewidmet, zehn Tage lang zelebriert. Die letzten drei sind am bedeutendsten: Am Phulpati-Tag werden der Göttin Blumen dargebracht, an einem anderen – dem Maha Astami – Unmengen an Ziegen und Büffeln geopfert, am Ende erhalten die Familienältesten von all ihren Familienmitgliedern den Segen.

Wir sind bei diesem Fest nicht mehr da, weil wir die Berge vorziehen. Als wir nach der ganzen Hektik mit den verlorenen Sachen zum ersten Mal die Rucksäcke ausräumen, stellen wir fest, dass unsere Medikamente weg sind, komplett. Irgendjemand hat sich, vermutlich beim Flug von Afrika nach Asien, an Petras Sachen zu schaffen gemacht. Der Reißverschluss, mit einem kleinen Schloss abgesichert, war aufgebrochen worden. Auch unser kleiner Fotoapparat war uns bei dieser Dreistigkeit abhanden gekommen. Zu gerne hätte ich das dumme Gesicht gesehen, als dem Dieb beim Versuch, diesen zu bedienen, die vordere Abdeckung um die Ohren flog. Denn wir hatten nur die kaputten Teile aufeinander gelegt, damit sie nicht verloren gehen. Die Kamera war von unserem Afrika-Aufenthalt (Kenia) zuvor nicht mehr funktionstüchtig. Der Linsenschutz, der sich beim Anschalten der Kamera öffnet, war defekt beziehungsweise auseinandergefallen. Wir hatten die Kamera und die Teile nach wie vor mitgenommen, da wir hofften, diese in einem Fotoladen in Nepal reparieren lassen zu können.

Erlebnis-Frisur

In Kathmandu gerät jeder Friseur-Besuch zum Event: Das Schneiden der Haare nimmt dabei die wenigste Zeit in Anspruch. Nachdem die Wattebäusche in den Ohren verstaut sind, macht sich der Barbier an seine akribische Arbeit. Der Kopf wird begutachtet, genau vermessen, ausgeglichen und als Kunstwerk betrachtet – jedenfalls wird wie an einem Kunstobjekt daran gearbeitet. Zeit spielt bei all dem nicht die geringste Rolle. Qualität ist Trumpf. Der Besuch beim Friseur dient der Entspannung und dem Wohlgefühl. Eine Kopf- und Gesichtsmassage ist selbstverständlich und im Preis inbegriffen. Sogar beim unerwünschten Schneiden des Bartes traut sich der (deutsche) Gast kaum abzulehnen, da er fürchtet, den Meister bei der Ausübung seines Könnens zu beleidigen.

Nach Haarschnitt und Rasur folgt eine Form der Oberkörpermassage. Der Kopf wird mit geballten Fäusten als Trommel missbraucht, das Gesicht erhält eine Massage mit verschiedensten Ölen und Cremes. Die Kopfhaut wird durchgewalkt, das Genick knarrend eingerenkt, mit Ellenbogen und Fäusten der Rücken malträtiert, dann wieder Augenlider massiert und abschließend die Fingergelenke zum Knacken gebracht. Nach einer nicht enden wollenden Stunde wird Volker entlassen: „Für Zappler wie mich war das nichts, zumal ich die ganze Zeit vor Lachen kaum an mich halten konnte."

Bearbeitet aus Volkers Reisetagebuch

Friedhof vor dem Huayna Potosi, Bolivien.

4. Zwischenzeit: Beängstigende Kommentare anderer Bergsteiger

Altiplano, Bolivien.

„Am 4. November 2012 erreichten wir nach 28.659 Kilometern das argentinische San Carlos de Bariloche. Draußen tobte einer der gefürchteten patagonischen Stürme, doch wir saßen im Warmen eines gemütlichen Holzhauses und genossen den Blick auf den Nahuel Huapi Lake, der sich eingeschlossen von schneebedeckten Gipfeln harmonisch in eine fjordähnliche Landschaft schmiegt."

„Als wir hier vor ein paar Tagen vorbeiradelten, ist uns Bouldi mit seinem alten Citroën, einer Ente, gefolgt und hat uns eingeladen, kostenfrei in seinem Haus zu wohnen. Wohl ein Dankeschön für all die ihm widerfahrene Gastfreundlichkeit, die er auf seiner eigenen Radreise vor zehn Jahren erlebt hatte."

Eine tolle Zeit

Bouldi backt Brot selbst und verkauft es auf den Straßen von Bariloche, während Feli, seine Lebensgefährtin, aus Plastikflaschen und Naturmaterialien beeindruckende Kunstwerke erstellt. Ihr dreijähriger Sohn Leon besucht einen Kindergarten der Mapuche-Indianer. Zwei brasilianische Radler, Arthur und David, waren auch im Haus. „Wir kochten gemeinsam, tauschten Reiseerlebnisse aus und halfen bei der Gartenarbeit – kurz: Wir hatten eine tolle Zeit."

Skeptische Petra: Die Nacht vor dem Aufstieg.

Rückblick: „In Cusco mussten wir uns Anfang August von den Folgen einer Mageninfektion erholen. Vor uns lag das Altiplano, eine über 1.500 Kilometer lange Hochfläche auf über 3.800 Metern. Wir waren im niederschlagsarmen Winter unterwegs, und da es morgens bei Temperaturen um dem Gefrierpunkt noch recht frisch war, gestalteten sich die Fahrradtage mit sieben bis acht Stunden relativ kurz."

Am 18. August 2012 erreichte das Duo La Paz und wollte dort eine Pause einlegen. Eine Rast vom „Selberentdecken". „Die angebotenen Touren erschienen uns zu wenig reizvoll." Bis ihre Blicke auf die Bilder des Huayna Potosi (6.088 Meter) fielen. Der Reiz: Einmal im Leben einen Sechstausender besteigen. Eine geführte Tour beinhaltet den

Dem Gipfel zum Greifen nah.

Bergführer, die komplette Gletscherausrüstung, Anfahrt, Verpflegung und Übernachtung. Da das Ganze mit 180 US-Dollar obendrein noch recht billig erschien, buchten die Brauns ohne lange zu überlegen.

„Uns wurde ganz anders"

„Wenn wir davon absehen, dass beim Radfahren eine andere Muskulatur beansprucht wird als beim Bergsteigen, dürften wir aufgrund unseres langen Aufenthalts in Höhen über 3.500 Meter gut akklimatisiert sein", dachten Petra und Volker. „Als wir jedoch am Abend die Kommentare anderer Bergsteiger im Internet lasen, wurde uns ganz anders." Da stand beispielsweise: „Noch nie im Leben so an meine Grenzen gestoßen ... " oder „ ... mit zitternden Knien eine 250 Meter hohe und 55 Grad steile Eisrinne raufgearbeitet". Außerdem erfuhren die zwei Reichenhaller, dass bislang nur jeder zweite Bergsteiger wirklich oben ankam. „Wir dachten nur: 'Oh je, und wir sind Anfänger. Na gut, gehen wir halt so weit wie möglich.'"

„Am nächsten Tag fuhren wir mit Bergführer Elias rund drei Stunden bis zum Ende der Piste auf 4.700 Meter, ehe der Aufstieg zur Schutzhütte auf 5.100 Meter folgte. Nun hieß es ausruhen, bis 1 Uhr morgens, doch an Schlaf war aufgrund der Höhe und einem zu engen Bettenlager mit 24 anderen Bergsteigern nicht zu denken." Der geplante Aufstieg ab 2 Uhr verschob sich um eine halbe

Fast geschafft. Doch auch der Abstieg war eine Tortur.

Stunde, da Petras Steigeisen schon nach wenigen Metern auseinanderfielen. Elias reparierte sie mit einem Taschenmesser – bei minus zwölf Grad. „Leicht durchgefroren liefen wir jetzt den anderen Gruppen hinterher. Um 7 Uhr wollte unser Bergführer oben sein, da sonst die Schneeverhältnisse beim Abstieg zu schlecht würden. Wir glaubten aber eher, dass er uns zur Eile trieb, da er seine geplante Geburtstagsfeier und die entsprechende Vorbereitung im Kopf hatte." Für den Aufstieg von knapp 1.000 Höhenmetern blieben also nur viereinhalb Stunden statt der üblichen sechs.

Traumland Bolivien: Am Titicaca-See, 15 Mal so groß wie der Bodensee. Die blaue Färbung täuscht, das Wasser ist stark verschmutzt.

Gipfel-Sonne

„Wir umgingen am Seil einige Gletscherspalten. 2.000 Meter unter uns leuchteten die Großstadtlichter von La Paz, der höchst gelegenen Hauptstadt der Welt, vor uns flackerten die Stirnlampen der vorausgeeilten Bergsteiger, erschreckend steil den Berg hinaufziehend." Pro Stunde zwei Minuten Rast: Ein wenig trinken, schon ging's weiter.

Markt in Puno am Titicaca-See, Peru.

„200 Meter vor dem Gipfel war der Saft fast raus und wir benötigten vermehrt Pausen. Bei 20 Grad unter Null unangenehm. Irgendwie schafften wir es dann aber doch, nicht mehr aufrecht, sondern auf allen Vieren". Um 6.45 Uhr, kurz vor Sonnenaufgang, erreichten Petra und Volker den 6.088 Meter hohen Gipfel des Huayna Potosi. Sie genossen einzigartige Ausblicke in die zwei Kilometer tiefer liegende Wüstenlandschaft. Doch bald galt: Nichts wie runter, der Weg zum Parkplatz war weit.

Blanke Nerven: Tritte in die Fahrertür

„Nach zwei Tagen Pause saßen wir wieder auf unseren Rädern. Würden wir den an sich gastfreundlichen Peruanern und Bolivianern ihre Fahrzeuge wegnehmen, wäre alles perfekt. Denn auf den wenigen, aber vielbefahrenen Straßen wird gerast wie wild und an den unübersichtlichsten Stellen überholt. Aber egal, wie schrottreif so manches Auto daherkommt: Die Hupe funktioniert immer und ist im Dauereinsatz – was uns fast zur Weißglut brachte. Am schlimmsten war es, wenn wir an einer Ampel halten mussten, der Autolenker hinter einem trotzdem ständig seine Hupe betätigte und damit unsere Ohren drangsalierte. Mehrfach war erst Ruhe, wenn ich *(Volker)* seinen Spiegel verstellt oder seine Fahrertür mit Tritten bearbeitet hatte. Nicht ganz die feine Art als Fremder, aber ab und zu lagen die Nerven einfach blank."

Aberglaube in Copacabana.

Die einheimischen Verkehrsteilnehmer wissen offenbar um ihre rasante und gefährliche Fahrweise. Um dennoch keinen Unfall zu erleiden, kommen sie nach Copacabana am Titicaca-See. Dort schmücken die Besitzer ihre Fahrzeuge mit Girlanden, allem möglichen Firlefanz und begießen sie mit Sekt. Schließlich wird auf die klebrige Windschutzscheibe Konfetti gestreut, so dass sie bei der anschließenden Weiterfahrt kaum noch etwas sehen können. Zum Höhepunkt segnet der Pfarrer die eher Faschingswagen gleichenden Pkw mit einem Eimer Weihwasser. Dann geht's mit unverminderter Geschwindigkeit und Dauerhupen weiter. „Schrecklich", erinnert sich Petra.

Am 13. September 2012 verließ das Reichenhaller Tandem die Anden mit reichlich Wehmut. Rund drei Monate waren sie dort oben, in den Bergen. „Die einfachen Gebirgsdörfer in einer großartigen Landschaft, mit ihren herzlichen Menschen haben uns mehr beeindruckt als so manch bekanntes touristisches Highlight." Die Zeit war flugs vergangen, und aus dem eher westlich orientierten, modernen Argentinien betrachtet, kam den beiden die Zeit in den Bergen eher unwirklich vor. Wie aus längst vergangenen Tagen.

Doch auch der Nordwesten Argentiniens geizte nicht mit Reizen und sorgte am Ende für zwei beeindruckte Radler: Endlos einsame Wüstenstrecken mit atemberaubenden Ausblicken auf die nun schneebedeckten Anden. Es war

Frühling und alle Flüsse präsentierten sich ausgetrocknet. Die Versorgungslage war schlecht. Starke Winde sorgten dafür, dass die Abenteurer nie wussten, ob sie die nächste Ortschaft erreichen würden. „Also schleppten wir oft bis zu 13 Liter Wasser mit." Das reichte für exakt einen Tag.

Chile: einfach Faszination

Am 18. Oktober überfuhren die Brauns die Grenze nach Chile, das 16. und letzte Land ihrer zweijährigen Reise: „Als Gott die Welt erschuf, hatte er von allem noch eine Hand voll übrig – Urwaldstücke, Berge, Wüstenfetzen, Wasserfälle, Vulkane, Fjorde und Eis – und er gab alles in seine Hosentasche. Aber da war ein Loch, und als er durch den Himmel schritt, rieselte alles raus. Die lange

Aktiver Vulkan auf der Lagunenrunde, Bolivien.

Spur, die er auf der Erde hinterließ, war Chile, das wohl vielseitigste Land unseres Planeten", so steht's in vielen Chile-Büchern und -Beschreibungen. Vor Volker und Petra lagen noch 3.200 Kilometer und die Carretera Austral. Diese 1.350 Kilometer lange Fernstraße, von der sie rund 930 befuhren, ist überwiegend unasphaltiert. Der Reiseführer meint: Die abenteuerliche Strecke besteht teils nur noch aus Spurrinnen und Schlaglöchern. Das raue Klima kann zum Albtraum werden. Ganz zu schweigen von Steinschlag und Erdrutschen, die immer wieder die Wege versperren, und der direkt am Hochwassergebiet verlaufenden Straße am gewaltigsten Fluss des Landes, dem Rio Baker.

Entschädigt wurden die Reise-Abenteurer durch den großartigen Verlauf, vorbei an uralten Wäldern, traditionellen Dörfern, gewaltigen Gletschern, Farmen aus der Pionierzeit und türkisblauen Flüssen.

Vulkan Villarica, 2.840 Meter, Chile.

Drei Tage für 100 Kilometer

„Sollten wir da gut durchkommen, müssen wir raus in die Steppenlandschaft, die ungeschützt den Stürmen Patagoniens ausgesetzt ist. Eine Gegend, in der wir bei Gegenwind am Nachmittag noch sehen, wo wir morgens losgefahren sind. 100 Kilometer können bei guten Bedingungen vier Stunden Fahrzeit oder bei schlechten auch ohne Weiteres drei Tage in Anspruch nehmen. Bei einer solchen Anzahl an Unwägbarkeiten und einem kurzen patagonischen Sommer ist nicht absehbar, ob und wann wir Ushuaia, also unser Ziel, erreichen", klang Volker ausgerechnet zum Ende der Reise hin eher pessimistisch ...

Erloschen: Schichtvulkan Lanin, Chile/Argentinien.

15. Etappe: Froh, als der Sockentest vorüber war

Waschtag, Peru.

Ihr habt monatelang auf ein wirklich gemütliches Bett, auf eine Dusche, ein heißes Bad, kurz die Annehmlichkeiten des Lebens verzichtet. Konntet Ihr das alles wirklich gut aushalten?

Nach den ersten drei Monaten ausschließlich im Zelt war das erste Bett schon eine Wohltat. Im Allgemeinen waren die Nächte im Zelt die schönsten. Nirgendwo schliefen wir besser. Ansonsten fehlte uns nicht wirklich etwas.

Wie lange hieltet Ihr es gänzlich ohne Wasser für den Körper, ohne Dusche aus?

Höchstens einen Tag. Im Normalfall konnten wir uns aber immer waschen. Ab und zu nur mit einem Liter Wasser, manchmal nur mit einem eiskalten Bad in einem See oder in einem Fluss. Es gab für uns nichts Grausameres, als nachts verschwitzt am Schlafsack zu kleben. Petra hat auch schon mal in der Toilette einer Tankstelle oder eines Restaurants Zwischenwaschungen vorgenommen, was mir komplett sinnlos erschien. Sie hatte sich anfänglich Socken mit Silberfaden gekauft, die angeblich Geruchsbildungen vermeiden. Jeden Abend nötigte sie mich, an ihren Füßen zu riechen – was ich nur widerwillig tat. Nach Wochen ohne Sockenwechsel stanken zwar weder Füße noch Socken, dafür roch der Schlafsack erbärmlich, da Petras Materialtest darauf bestand, auch nachts die Socken anzulassen. Ich war sehr froh, als diese Zeit vorüber war.

Konntet Ihr Eure Schlafsäcke auch mal während der Tour richtig waschen?

Natürlich. Petra aufgrund ihres Sockentests mehrmals und ich zweimal. Der Hygiene wegen haben wir oft ein Seideninlett benutzt. Das ist ein leichter 80-Gramm-Seidenschlafsack, den wir in heißen Regionen, zum Beispiel in Zentralamerika benötigten. In kalten Regionen wie im Hochland der Anden zogen wir den an, um die Verschmutzung des Daunenschlafsacks in Grenzen zu halten. Diesen sollte man nicht zu oft waschen, da dafür ein spezielles Waschmittel benötigt wird beziehungsweise bei zu vielen Waschungen die Wärmewirkung reduziert würde. Einige Male zogen wir den Seidenschlafsack auch über die Isomatte, da die auch nicht zu viel Wasser vertragen kann.

16. Etappe: Tagtraum trockener Rückenwind

Über 600 Tage und Nächte unterwegs: Wie war das Verhältnis „gute" Tage, „schlechte" Tage?

Schlechte Tage waren ganz normal. Es wäre unglaubwürdig, wären wir immer gut drauf. Aber da wir grundsätzlich sehr positive Menschen sind, hielten sich die schlechten Tage für uns in Grenzen, 15 Prozent vielleicht *(in der Geschichte „Manchmal fragten wir uns, was das Ganze eigentlich soll" wurde bereits näher beschrieben, wie die „guten und die schlechten Tage" bei den Brauns aussahen / Anm. d. Autors).*

Hattet Ihr bestimmte Praktiken, um Euch aus schlechten Tagen wieder rauszuziehen?

Die brauchten wir nicht, da es für uns höchstens einen schlechten Tag „am Stück" gab. Am nächsten Morgen sah die Welt immer schon wieder sehr viel rosiger aus. Zwei schlechte Tage in Folge … – das kennen wir ohnehin nicht.

Wie bilanziert Ihr das Verhältnis wettertechnisch?

In Kanada haben wir viel auf das schlechte Wetter geschimpft. Aber insgesamt hatten wir auch in dieser Statistik sicher 85 Prozent gute Tage.

Wie sah für Euch das ideale Fahrradwetter aus?

20 Grad *(Petra)*, 25 Grad *(Volker)*, trocken – und Rückenwind.

Wie ging es Euch bei fünf Tagen Dauerregen?

Diese Extreme hatten wir zum Glück nicht. In Kanada hat es – wie schon gesagt – zwar viel geregnet, aber es gab auch immer wieder längere trockene Phasen. Und dann trocknete auch immer wieder alles schnell ab. Unsere Sachen waren nie so nass, dass es nicht mehr gegangen wäre. Um das Zelt zu trocknen, reichten meist zehn Minuten Sonne. Nasse Kleidung breiteten wir in sonnigen Abschnitten am Wegesrand aus.

Inspiration Point: Traumtag im Yellowstone-Nationalpark, USA.

Härteprüfung in Costa Rica:

Ingrids Drecksloch & Wischmopp-Verfolgung am Swimmingpool

Eine Finca. Ganz allein für uns. Das gab uns Auftrieb. Der Ausblick auf den Pazifik und den Rio Terraba. Bei freier Unterkunft und Verpflegung – wir sollten nur ein paar Ziegen versorgen und konnten unser Glück nicht fassen, als die deutsche Biologin Ingrid mit ihrem Jeep um die Ecke bog, um uns einzuladen. Wir sind in Costa Rica.

Wir waren früh im kleinen Ort Ojachal angekommen und hatten uns bei 36 Grad einen schattigen Platz an einem Supermarkt gesucht, als wir mit Ingrid ins Gespräch kamen. Sie brauche jemanden, der sich um ihr Anwesen kümmere. Denn ihr Mann habe sich aus dem Staub gemacht und sie müsse aus diesem Grund einiges mit ihren weit entfernt lebenden Kindern klären. Die letzte Woche war heiß gewesen, wir lechzten eine Pause herbei. Ingrid erschien uns mit ihrer Finca wie ein Geschenk des Himmels.

Da nicht genug Platz in ihrem kleinen Jeep für uns drei und die beiden schwer bepackten Räder war, erklärte sich Petra bereit, auf die Räder aufzupassen, während ich unsere Bleibe schon mal inspizieren würde. Als ich mich in den Jeep hievte, spürte ich etwas feucht-klebriges unter meinen Oberschenkeln. Ingrids jüngste Tochter hatte hier wohl ein Stück Tomate vergessen. Igitt.

Die Fahrerin war äußerst gesprächig. Als sie mir erzählte, dass es in Costa Rica sogar eine Art TÜV gäbe und sie ihren Wagen erst letzte Woche durchgejagt hatte, fiel mir der rechte Spiegel auf, der notdürftig mit einem Draht am Rest des Wagens hing. Auch sonst hätte man für diese Karre in Deutschland vor ein paar Jahren vermutlich sogar die Abwrackprämie verweigert. Aber warum so spießig sein, dachte ich mir: andere Länder, andere Sitten.

Wir fuhren nun bereits zwei Kilometer an Ingrids Anwesen vorbei, welches sie in den schillerndsten Farben lobte und dabei besonders die unverfälschte Natur in den Vordergrund schob. Diese prasselte in Form von Zweigen unaufhörlich gegen die Windschutzscheibe, als wir auf einem steilen, schmalen und holprigen Pfad ihrer Finca entgegen hüpften. Als ich das verrostete Einfahrtstor mühevoll wieder zuzerrte, damit die Ziegen nicht abhauen konnten, überkamen mich schleichende Zweifel. Jedoch: Als wir unser Ziel erreichten, wurde ich mit ersten Traumausblicken auf den Rio Terraba und seine dichte grüne Dschungelwelt belohnt.

Der Genuss wurde jäh gestoppt: Sechs große weiße Schäferhunde stürzten plötzlich wild kläffend auf mich zu. Immer diese Hunde, wilde Vierbeiner begleiteten uns während dieser Reise ja des Öfteren. Ingrid konnte sie kaum im Zaum halten und versuchte, ihre mangelnde Autorität zu kaschieren: „Die tun nichts." Das beruhigte mich kaum, da einer an meiner Hose hing, ein anderer permanent an mir hoch sprang und der Rest die Zähne fletschte.

Die Ernüchterung wuchs Stück für Stück, mein erster Gedanke, als ich das Haus betrat: Kein Wunder, dass der Mann abgehauen ist. Was für ein Saustall. In der Küche türmte sich mit alten Essensresten verdrecktes Geschirr. Im Wohnzimmer standen unzählige Fressnäpfe, damit sich Ingrids unverfälscht natürliche Tierwelt die Mägen vollschlagen konnte. Und Tische und Stühle dienten wohl nur dazu, um teils undefinierbaren Sperrmüll zu stapeln. Meine aufkeimende Hoffnung, als mir Ingrid erklärte, dass sich unsere Unterkunft außerhalb des Hauses befinde, wurde ebenfalls rasch ein Raub unvorstellbaren Drecks. Allein beim Anblick des hölzernen Verschlags hätte ich am liebsten auf der Stelle eine Wende vollzogen. Ein Schuppen mit von Fäkalien und Urin verdreckten Matratzen. Unsere Unterkunft!

Ich war fassungslos und blubberte nur halbverständlich: „Das geht gar nicht." Als schnelle Erklärung stammelte ich hinterher, dass der nächste Einkaufsladen zu weit entfernt sei – was nicht einmal gelogen war. Ingrid schien mir den Grund der Absage sogar zu glauben und plapperte auf dem Rückweg gemütlich weiter.

Petra war wenig überrascht, als sie meine Schilderungen hörte. Sie hatte schon beim Anblick des Jeeps geahnt, was da auf uns zukommen würde und mich darum vorgeschickt – so ein Biest. Ich hatte nach der Besichtigung unserer Traumfinca ein unstillbares Bedürfnis nach Wasser und Seife. Wir bezogen aus diesem Grund erst recht eine richtig schöne und saubere Unterkunft mit Swimmingpool. Besitzer: ein holländisches Paar, verheiratet und zutiefst zwangsneurotisch. Er ordnete eine Lagebesprechung an und erklärte uns, welche Unternehmungen wir zu welchem Zeitpunkt unbedingt machen müssten und welche Küchengegenstände zentimetergenau an welchen Ort gehörten. Er rückte ständig Bücher zurecht, sie hatte einen Putzfimmel und verfolgte uns am Pool mit einem Wischmopp, um die von uns verursachten Wasserstellen zu beseitigen. Na ja, auch irgendwo verrückt, aber immer noch um Welten besser als Ingrids Drecksloch.

Bearbeitet aus Volkers Reisetagebuch

BIENVENIDOS A LA ISLA FLOTANTE CHUMI

Bei den Urus, Peru.

17. Etappe: Niemals hungrig in den Supermarkt

Wie habt Ihr Euch auf Euren Reisen ernährt: Viel aus Konserven oder eher mit frischen Produkten, wenn es möglich war?

Wir achteten jetzt nicht unbedingt auf ausgewogene oder besonders gesunde Ernährung, sondern aßen das, was uns schmeckte und was es regional gerade gab. Wichtig war für uns immer, kohlenhydratreiche Kost, meistens Nudeln, zu uns zu nehmen, um genug Energie fürs Radeln zu haben. Wir sind der Meinung, dass nicht gleich alles weggeworfen werden muss, nur weil es abgelaufen ist – das gilt für unterwegs wie für daheim. Ein Joghurt darf auch mal über dem aufgedruckten Haltbarkeitsdatum sein, er ist deshalb immer noch ess- und genießbar. Auf unserem Rad-Trip war Essen für uns ein zentrales Thema. Wir aßen immer, wenn wir Hunger hatten – also eigentlich ständig *(sie schmunzeln)*.

Habt Ihr auf Euren Reisen einen regelrechten Heißhunger auf bestimmte Sachen entwickelt?

Wir lieben Butter und haben mal in 15 Minuten eine ganze Packung aufgegessen, nur mit einem Baguette. Wenn man Hunger hat, schmecken einem bekanntlich die seltsamsten Dinge, und unter freiem Himmel doppelt gut. Auf Reisen dieser Art sinkt der Anspruch letztlich rapide, pompöses ist auch gar nicht möglich. Wir wurden zunehmend bescheidener.

Schwimmende Schilfinsel der Urus auf dem Titicaca-See, Peru.

Und bereit zum Verzicht?

Es bleibt nichts anderes übrig. Ein ganz wichtiger Punkt bei unseren Touren: Niemals hungrig in einen Supermarkt gehen. Haben wir das gemacht, kauften wir wie die Blöden ein und wussten dann gar nicht, wie wir das transportieren sollten. Andererseits: Sind wir satt in einen Lebensmittelladen, fehlte uns am Ende die Hälfte … In Nordamerika haben wir viel in den bekannten, überdimensionalen Einkaufszentren eingekauft und dort eigentlich alles bekommen, was wir brauchten. In Peru und Bolivien gab's die größte Auswahl auf den Straßenmärkten. In Argentinien und Chile benötigten wir außerhalb der großen Städte oft mehrere kleine Geschäfte, um alles zusammen zu bekommen.

Was könnt(et) Ihr nicht essen?

Volker: Spiegelei geht gar nicht. Oder Ziegenkäse, bäh. Käse auf der Pizza ja, aber sonst bitte nicht. Käse stinkt nämlich schon *(kleiner, nicht ganz ernst gemeinter Seitenhieb auf das Vorwort des Autors / Volker lacht).* Petra isst, wie wir schon berichtet haben, eigentlich alles. Sie hat jedenfalls keine Scheu, um alles, was so angeboten wird, zumindest zu probieren.

Gut und reichlich frühstücken ist bekanntlich wichtig, gerade, wenn man nahezu täglich auch sportliche Leistungen vor sich hat. Wie reich war der Morgentisch Eurer letzten Reise jeweils gedeckt?

Es gab meistens Müsli, Grießbrei oder Haferflocken. Nach rund zwei Stunden Radfahren gab's dann meistens eine weitere Frühstückspause, oft mit kaltem Essen vom Vortag. Reis oder Nudeln mit Paprika oder was wir halt sonst noch so übrig hatten.

Seid Ihr während Euren Touren auch mal „schick" essen gegangen?

Klar, das haben wir schon gemacht. An den Geburtstagen, an unserem Hochzeitstag am 6. Oktober …

Wie habt Ihr das eigentlich an diesen besonderen Tagen – den Geburtstagen, an Weihnachten oder den Hochzeitstagen – mit Geschenken gemacht? Ich stell mir das „Geschenke besorgen" schwierig vor, wenn man ständig zusammen ist. Der andere soll und darf schließlich nichts mitbekommen. Und dann müssten die Präsente vor und nach dem Ehrentag zusätzlich mitgeschleppt werden – Gewicht, das Ihr um jeden Preis vermeiden wolltet.

Wir haben uns nichts geschenkt. Wir beschenkten uns täglich mit der Reise.

Wie war es sonst mit dem Essengehen?

In preisgünstigen Ländern kehrten wir auch zwischendurch zum Essen ein, selbst wenn es nur Reis mit Omelette gab. Oftmals empfanden wir das Essensangebot ein wenig einseitig. Besonders nach Peru und Bolivien hatten wir die Nase von Hühnchen gestrichen voll. Mexiko, mit seiner angeblich großartigen Küche, ist uns ziemlich auf den Senkel gegangen – Empanadas *(gefüllte Teigtaschen / Anm. d. Autors)* und Bohnen konnten wir bald nicht mehr sehen. Am Abend haben wir dann meistens gekocht. Geschätzte 50-mal gab's Nudeln mit Thunfisch aus der Dose. Das war einfach zu transportieren, verdarb nicht und gab Energie. Oder tiefgefrorenes Hackfleisch, weil sich das selbst bei warmen Temperaturen für ein paar Stunden gut mitführen ließ. Übrigens: In Deutschland schimpfen die Menschen oft über die Lebensmittelpreise. Aber gerade in den Ländern Südamerikas, wo die Menschen nur einen Bruchteil unseres Verdienstes zur Verfügung haben, waren die Preise oft doppelt so hoch wie bei uns.

Durfte es während Eurer Tour auch mal Fast Food sein?

Klar, zum Beispiel bei Burger King, das musste schon auch mal sein. Aber nicht bei McDonalds.

Warum nicht?

Dem Burger-Fleisch fehlte der Grillgeschmack.

Überkam Euch bei Eurer jüngsten Tour die Lust, einfach mal ins Kino, ins Theater oder italienisch essen gehen zu wollen?

Nein.

Hattet Ihr „Ausgehkleidung" dabei?

Ausgehkleidung wäre zu viel gesagt. Natürlich hatten wir neben unserer Radbekleidung auch noch Freizeitwäsche im Gepäck. Denn wir hatten überhaupt keine Lust, auch abends noch in unserer „Arbeitskleidung" herumzulaufen. Aber auch dabei achteten wir auf Gewicht und Funktion. Das heißt: Die Sachen sollten pflegeleicht sein und schnell trocknen. Eine Jeans mit durchschnittlich 700 Gramm wäre schon zu schwer gewesen. Wenn Kleidung mit der Zeit zerschlissen war, kauften wir uns ein neues Teil. Wer will schon fast zwei Jahre lang mit nur drei Unterhosen oder zwei T-Shirts leben.

Habt Ihr nach Eurer Rückkehr gleich mal so richtig zugeschlagen, im Bezug auf Essen?

Seid Ihr in den nächsten Supermarkt und habt Euch alles geholt, was Euch in den letzten Monaten fehlte?

So ausgehungert waren wir nicht. Kurios war jedoch, dass wir uns auch Wochen nach der Rückkehr immer noch nicht umstellen konnten und weiterhin immer nur für ein, zwei Tage Lebensmittel einkauften. Also so, als wären wir noch unterwegs. Ein voller Kühlschrank überforderte uns in der ersten Zeit daheim.

18. Etappe: Wir haben uns

Gab es diese ganz besonderen Augenblicke, beispielsweise an Weihnachten, an denen Ihr dann doch lieber zu Hause gewesen wärt?

Nicht unbedingt. Natürlich dachten wir Weihnachten auch an daheim. Das ist klar. Aber noch eher in der Vorweihnachtszeit, im Advent. Den schönen Reichenhaller Christkindlmarkt auf der Burg Gruttenstein – mit einem außergewöhnlich guten Glühwein – vermissten wir schon sehr. In dieser Zeit wären wir dann auch mal ganz gern daheim gewesen, für kurze Zeit.

Apropos daheim: Bei einer Eurer Reisen hattet Ihr eine Zeitlang einen ungebetenen Gast in der Nähe Eures Hauses.

Ein Obdachloser hatte es sich in unserem Gartenhäuschen gemütlich gemacht. Er verschwand aber irgendwann wieder und hatte nichts kaputt gemacht oder mitgenommen.

Wie habt Ihr davon erfahren?

Unsere Nachbarn berichteten uns das per Mail.

Wie sehr vermisst Ihr während Euren langen Reisen enge menschliche Beziehungen –
beispielsweise zu den Eltern, zu Freunden, Verwandten, Bekannten?

Vermissen wäre zu viel gesagt. Wir hatten ja immer uns. Meine *(Petra)* Eltern
stehen hinter unseren Touren, Volkers Eltern leben nicht mehr. Aber natürlich
freuten wir uns nach den Reisen immer sehr darauf, alle wiederzusehen.

Salvador Dali-Wüste, Bolivien.

19. Etappe: Keine Träume mittendrin

Wie sieht Eure größte Sehnsucht aus?

In den letzten beiden Jahren wurde unsere Sehnsucht, fremde Länder mit dem Fahrrad zu erkunden, ausgiebig gestillt. Zurzeit sind wir einfach nur glücklich, zu Hause zu sein und verspüren keinerlei Fernweh. Wir müssen eine so lange Reise auch erst mal in Ruhe verarbeiten. Jetzt geht's wieder darum, den Alltag zu organisieren, Arbeit zu finden, Geld zu verdienen. Was dann später kommt, wissen wir noch nicht. Wir machen keine langen Pläne.

Entsteht also nach einer solch langen Reise eine gewisse Sehnsucht nach neuen Träumen?

Neue Träume entstehen nicht von heute auf morgen. Unsere Freunde fragen uns schon wieder, wann wir wieder mit den Rädern starten. Wir erklären dann immer, dass unser Traum vom Radfahren jetzt ausgeträumt ist. Dabei können wir uns nicht vorstellen, wie wir noch intensiver unterwegs sein könnten. Vielleicht zu Fuß.

Welche Träume begleiteten Euch im Unterwegssein?

Keine, wir waren ja mittendrin.

Ihr habt davon erzählt, dass Ihr rast- und ruhelos seid. Gelingt es Euch auch mal, die Ruhe so richtig zu genießen?

Auf Reisen eigentlich immer.

Gab es auf Euren Reisen gewisse Prinzipien, denen Ihr stets treu geblieben seid?

Wir hatten einen Plan. Der war allerdings nicht festzementiert. Wenn uns beispielsweise zwischendurch jemand über den Weg lief, der ein Segelboot hatte, und uns der dann auch noch fragte, ob wir ein Stück mitsegeln wollten, waren wir nicht abgeneigt, unsere Route zu „korrigieren", also ein Stück weit zu ändern. Dadurch erhielt der Plan eine andere, eine neue Richtung – dafür waren wir jederzeit offen. Das machte es auch ein stückweit interessanter. Wir hatten schon immer daran festgehalten, unsere Radreisen auch wirklich mit dem Rad zu bewältigen und nicht jedem Unlustgefühl nachzugeben. Meist waren es gerade die schwierigen, anstrengenden Erlebnisse, bei denen wir auch Mal an unsere Grenzen gehen mussten – und die uns ewig im Gedächtnis bleiben werden.

Ganz normaler Materialverschleiß.

3. Sonderprüfung: Langnasen-Fehler in Laos

Was soll uns denn schon groß passieren? Mit diesen Gedanken schwangen wir uns im Dezember 2005 auf einen geliehenen Roller, um das Bolaven-Plateau im Hochland von Laos zu umrunden. Petras überlastetes Knie verlangte nach einer Pause vom Radfahren.

Wir hatten als Gepäck nur zwei kleine Rucksäcke mit dem Notwendigsten an Kleidung dabei sowie ein paar Schokoriegel – schließlich saß uns ein Motor unterm Hintern. Wir wollten über den Ho-Chi-Minh-Pfad fahren, ein Trail, den die Vietkong in vergangenen Kriegszeiten nutzten, um Waffennachschub über die Grenze von Laos nach Vietnam zu schmuggeln. Eine zerbombte Gegend, einschließlich nicht detonierter Sprengkörper. Egal, in unserer deutschen Laos-Straßenkarte war eine gute, 100 Kilometer lange Haupttrasse eingezeichnet.

Die Verständigung war schwierig, denn die Mon-Khmer-Völker sprechen in dieser Gegend kein laotisch, geschweige denn Englisch. Wir zeigten also immer in die angestrebte Richtung, fragten „Champa Sack" (nächster Ort) und erhielten meist ein bejahendes Nicken. Dabei wussten wir eigentlich, dass die Einheimischen die eingeschlagene Richtung schon aus Höflichkeit stets bestätigen würden. Doch unsere Ignoranz – wir hatten schließlich ein Motorrad – war grenzenlos. Also nichts wie weiter.

Dabei hätten wir schon bei der ersten Flussüberquerung misstrauisch werden müssen. Ein älterer Mann zog uns mit dem Floß durch einen zirka 70 Zentimeter tiefen und 60 Meter breiten Fluss. Der Weg verengte sich danach zu einem Pfad, es ging bergauf und bergab, mit felsigen Abschnitten. Zunehmend versperrten uns schlammige Abschnitte den Weg und wir mussten außen rum, uns über dicke Steine und Wurzeln rappeln, um nicht im Dreck stecken zu bleiben. Gegen Mittag hinderte uns ein 15 Meter breiter Fluss am Weiterkommen. Da ich der bessere Fahrer bin, watete Petra zur Erkundung der Wassertiefe durch und rief zu mir rüber: „Nicht rechts, da ist's zu tief." Ich verstand bei knatterndem Motor nur „hier rechts durch" und bin mit vollem Karacho in der Mitte des Flusses, dort wo er letztlich am tiefsten war, steckengeblieben. Der Motor unseres Rollers röchelte noch kurz, ehe er verstummte. Nichts Gutes ahnend, 60 Kilometer vom Ausgangspunkt entfernt, weitab von jeder Transportmöglichkeit, schoben wir unseren Roller an Land. Aus dem Auspuff lief Wasser, grau-meliert.

Die anfänglich eher unbeteiligt dreinschauenden jungen Leute, die gerade einige Fischernetze reparierten, bemerkten unsere hilflosen Blicke und witterten schnell, dass es bei den Falangs *(laotische Bezeichnung für Touristen = Langnasen / Anm. d. Autors)* sicher ein paar Scheinchen zu verdienen gebe. Sie holten Werkzeug, kontrollierten die Funktion der Zündkerzen, bauten den Luftfilter aus, der sich wie ein Schwamm mit Flusswasser vollgesaugt hatte. Sie hoben die Schnauze des Motorrads hoch und ließen das Wasser aus dem Auspuff laufen. Wir erschraken: Da lief auch noch Öl raus.

Inzwischen gesellten sich noch ein paar ältere, spärlich gekleidete Männer dazu. Sie rauchten große, zusammengerollte Blätter, die vorsintflutlichen Ackergeräte wurden zur Seite gelegt. Sie fachsimpelten – nur scheinbar angeregt – bezüglich unseres Problems. Ziemlich sicher jedoch über ihre Verdienstmöglichkeiten. Abwechselnd spielte jeder einmal am Benzinhahn. Alle schienen die willkommene Abwechslung, die die Falangs boten, zu genießen. Der Genuss war freilich weniger auf unserer Seite, denn unser grenzenloser Optimismus bekam langsam einen Dämpfer: Wo sollen wir hier bloß übernachten? Wo kriegen wir frisches Trinkwasser her? Wie kriegen wir das Gefährt hier wieder weg?

Irgendwie bekamen die Jungs die Kiste wieder in Gang. Stotternd. Die Weiterfahrt gestaltete sich nun äußerst hektisch, denn sobald es bergauf ging und ich *(Volker)* nicht genug Schwung hatte, „erlosch" der Motor. Also holperten wir brachial und kompromisslos über alle Hindernisse und hüpften auf der Sitzbank auf und ab, ähnlich einem Bullriding-Contest. Zweimal rutschte ich beim Wiederantreten mit der glatten, vom letzten Schlammloch noch glitschigen Sandale vom Kickstarter und prellte mir den Knöchel.

Petra hatte die famose Idee, mich von jetzt an immer anzuschieben. Der Motor sprang so viel schneller an und ich schonte meinen Fuß. Für Petra hatte das den Nachteil, dass sie, wenn die Maschine mal wieder lief, hinterherrennen musste. Auf die ruckelige Maschine zu springen, barg stets das Risiko, daneben zu landen, da die unberechenbaren Vorwärtssätze des Rollers schwer rechtzeitig auszumachen waren. Wir brauchten eine kurze Atempause, denn die Strapazen im heißen Dschungel waren unglaublich. Uns blieben nur noch drei Stunden bis zur Dunkelheit. Die Bambusstangen über uns knarrten unheimlich. Eine Orientierung am Stand der Sonne war nicht möglich, da sich der Himmel bedeckt hielt. Was ist bloß, wenn wir falsch sind? Nicht darüber nachdenken und weiter.

Bei der nächsten steilen Abfahrt wollte Petra von der Maschine steigen, doch ich rief, dass sie ruhig sitzen bleiben könne. Nur keine Zeit verlieren. Ich bremste schusselig mit der Vorderradbremse, und wir segelten kopfüber vom Roller.

Nur ein paar kleine Kratzer an uns und beim Fahrzeug. Wir hatten keine Zeit, uns weiter darum zu kümmern. Die tiefen Schlammpfützen nahmen kein Ende, zu zweit zerrten, schubsten und hoben wir die Mühle immer am Rand entlang und bangten, sie würde früher oder später ein für allemal den Geist aufgeben.

Bis auf eine kleine „arrogante" Tasse Tee hatten die beiden „Hochwohlgeborenen" am Morgen vor ihrer Kaffeefahrt ins Blaue nichts zu sich genommen, geschweige irgendeine Form von Proviant eingepackt. Wir bestätigten uns unsere Blödheit und eierten weiter.

Bachquerung: Mit schwer bepackten Rädern nicht immer einfach.

Gegen 16.30 Uhr kam uns auf dieser einsamen Strecke ein Pick-up mit Ladefläche entgegen. Der Fahrer teilte uns mit, dass wir hier völlig falsch seien und der Pfad irgendwo nach 90 Kilometern an der Grenze Kambodschas enden würde. Die Ingenieure waren im Auftrag der Regierung unterwegs, um Straßen, Brücken und andere Bauprojekte in Laos zu besichtigen. Sie könnten uns bedauerlicherweise nicht mitnehmen. Doch mit viel Überredungskunst gelang es uns schließlich, das Team davon zu überzeugen, dass wir dringend ihre Hilfe benötigten.

Wir saßen auf der Ladefläche und versuchten krampfhaft, den Roller zu bändigen, der dort notdürftig mit Schnüren befestigt war. Die Rückfahrt wurde eine Tortur. Da wir unseren Roller festhalten mussten, peitschen uns immer wieder Dornengebüsche durchs Gesicht. Bei jedem Schlagloch wurde uns das Rückgrat beziehungsweise das Steißbein geprellt. Immer wieder musste der Wagen mit einer Seilwinde aus dem Dreck gezogen werden. Ich watete durch den knietiefen Schlamm, um Steine aufzuschichten, damit der Pick-up darüber balancieren konnte. Vor jeder Durchfahrt durfte ich *(Volker)* die Schlammlöcher zu Fuß erkunden.

Drei Stunden benötigten wir für 25 Kilometer. Bei Vollmond rasten wir übers 1.250 Meter hohe Bolaven-Plateau und froren in unseren dünnen T-Shirts jämmerlich. Doch unser Fahrer hatte es eilig, denn der Nachtclub schloss bereits um 1 Uhr – und dann wären die Mädchen weg gewesen und der anstrengende Tag hätte keinen guten Abschluss für ihn gefunden.

Kurz vor Mitternacht erreichten wir ein Hotel. Wir waren froh und erleichtert, uns auf ein Brettbett niederlegen zu dürfen und dem Ho-Chi-Minh-Pfad entkommen zu sein. Der Dschungel hatte uns auf die harte Tour wieder ausgespuckt. Und wir hatten einen der anstrengendsten Tage halbwegs wohlbehalten überstanden. Unsere Andenken an die Fahrt ins Blaue: ein geschwollener Knöchel, zwei geprellte Steißbeine, diverse Kratzer am ganzen Körper, verspannte Rückenpartien, leichte Unterkühlungen und etliche lehrreiche Stunden. So etwas würde uns nie wieder passieren.

Das war unser letzter Motorradausflug. Wir blieben künftig unseren Fahrrädern treu, mit denen wir sicher nicht in eine solche Situation gekommen wären.

Bearbeitet aus Volkers Reisetagebuch

20. Etappe: Wir hatten kein Sitzfleisch

Ihr segelt auch mal ganz gern. Wie sieht es mit dem „am Wasser sein" allgemein bei Euch aus?

Wir mögen die Kombination Wasser und Berge. Ich *(Petra)* bin kein ausgesprochener Wassermensch, bin aber dennoch gern an einem See oder am Meer. Ich brauche das aber nicht permanent.

Wie schlimm wäre es für Euch, während einer Reise durch ein unvorhergesehenes Ereignis (Unfall, Krankheit) längere Zeit an einen Ort „gefesselt" zu sein?

In Cusco (Peru) saßen wir elf Tage aufgrund einer Mageninfektion fest. Da stand die Genesung im Vordergrund, denn wir waren im wahrsten Sinne des Wortes an einen Ort gefesselt – die Toilette. An Radfahren war nicht im Geringsten zu denken. Wenn wir allerdings fit waren, hatten wir überhaupt kein Sitzfleisch – außer auf dem Fahrrad.

Wart Ihr sonst schon mal „gezwungen", länger an einem Ort zu bleiben?

In Milibizi (Simbabwe 2001) mussten wir eine Woche auf ein Boot warten, um über den Kariba Lake zu kommen. Der Ort warb auch noch für sich mit den Worten „Milibizi, the best place to do nothing". Doch es war unerträglich langweilig für uns. Zumal wir nicht wussten, ob das Schiff auch wirklich kommen würde. Ansonsten waren wir eigentlich nie gezwungen, irgendwo bleiben zu müssen, wo wir das nicht auch wollten. Mit dem Rad hast du deinen eigenen Fahrplan. Von unserem kleinen Strand auf der Insel Koh Pangan (Thailand 2006) waren wir so begeistert, dass wir uns sicher waren, hier einen ganzen Monat verbringen zu können. Nach nur elf Tagen relaxen wussten wir instinktiv, ohne es auszusprechen, dass wir weiter wollten. Es war traumhaft schön: Wir konnten schnorcheln, tauchen, die Korallen sehen, in der Hängematte vor der Hütte die Seele baumeln lassen, traumhafte Sonnenuntergänge genießen ... – dennoch trieb es uns weiter.

Mal absolut nichts tun ist für Euch also unerträglich?

Das ist es. Da sind wir wieder bei diesem Getriebensein. Ich *(Volker)* werde dann richtig deutsch und fange an „aufzuräumen". Er *(Petra lacht)* hat schon ganze Strandabschnitte gesäubert. Dann hat er den Strandbesitzer gefragt, ob er das ganze Zeug verbrennen darf. Der Strand sah lustig aus: Kilometerlang, und auf einmal ein 200-Meter-Abschnitt komplett sauber, keine Pflanzen, die vom Meer angeschwemmt wurden, kein Holz, nichts mehr, nur noch blitzblank sauberer Sand. Ich *(Volker)* suche mir solche Arbeiten immer, wenn es mir langweilig wird. In Polen habe ich mal den Rasen eines ganzen Campingplatzes gemäht, und in Simbabwe (Afrika) einen großen Swimmingpool sauber gemacht, richtig sauber gemacht. *Petra:* Volker ist auch ausgesprochen lärmempfindlich. Als ihn in einem Hotel in Kolumbien die quietschenden Türen eines Hotels eine ganze Nacht lang gestört hatten, brachte er am nächsten Morgen alle Scharniere mit seinem kleinen Öldöschen zum Verstummen.

Und was machst Du, Petra, währenddessen?

Ich kann auch mal faulenzen, ein Buch lesen ... Und wenn ich wirklich was tun muss, wasche ich Wäsche, koche etwas, erledige also eher haushaltsnahe Dinge.

Auf den Campingplätzen Nordamerikas habt Ihr meist rasch Kontakte geknüpft?

Wir mussten dort immer viel erzählen. Die Wohnmobilbesitzer luden uns schon auch mal zum Essen ein und fragten uns dann nach Strich und Faden aus. Sie wollten alles wissen. Warum wir das machen, warum wir uns so quälen – aus ihrer Sicht. Wir durften dann auch schon mal Getränke bei ihnen kühlen. Es spricht sich rasch herum, wenn da zwei „Verrückte" mit dem Rad unterwegs sind. Das interessiert die Leute. Vielleicht hatten die Amis mit ihren riesigen Vans, Wohnwägen und -mobilen einfach auch so was wie Mitleid mit uns und halfen gern. Wir spürten jedoch, dass es von Herzen kam, wenngleich wir natürlich kein Mitleid brauchten oder es bewusst geschürt hätten.

Open Air-Büros, Peru.

21. Etappe: Im Zehn-Zentimeter-Windschatten

Wie viele Pannen hattet Ihr mit Euren Rädern?

34 platte Schläuche *(Volker 20 / Petra 14)*, eine gerissene Felge bei Volkers Hinterrad, ein defekter Steuersatz, eine Hinterradnabe, ein kaputter Schaltzug. Ersatz hatten wir dabei, und pro Rad fünf Bremsbeläge. Je drei Paar Reifen, Ketten, Zahnkranz-Kassetten und einen gebrochenen Gepäckträger mussten wir nachkaufen.

Und die Ersatzteile konntet Ihr immer gut organisieren?

Das war meistens kein Problem. Die Fahrradgeschäfte, die wir gefunden haben, waren gut ausgerüstet. Nach den ersten 8.500 Kilometern ließen wir unsere Räder in Moab im Bundesstaat Utah komplett überholen. Der zweite größere Check folgte in Panama. Kleinteile wie Bremsklötze zum Wechseln hatten wir selbst dabei.

Ihr musstet oft notdürftig flicken und dabei improvisieren. Wie gut hielt das?

Reifenflicken in den USA.

Wir hatten Ersatzschläuche dabei, die wir dann immer eingesetzt haben, um gleich weiterfahren zu können. Das ist eine Sache von 15 Minuten. Am Abend habe ich *(Volker)* dann die Löcher am defekten Schlauch geflickt. Dabei dachte ich schon, wie das wohl halten würde. Es hielt.

Ihr musstet also während der ganzen Zeit nie neue Schläuche kaufen?

Nicht einmal.

Aber Volker musste mal 50 Kilometer zurück zu einer Fahrradwerkstatt ...

... weil eine Benzinflasche für unseren Kocher fehlte. Das haben wir erst bemerkt, als wir kochen wollten. Ich bin zurück getrampt, der Laden hatte eigentlich schon zu. Ich bin dennoch rein, die Flasche lag unter jeder Menge Gerümpel.

Wie „kostbar" sind Eure Räder?

Eins kostete neu 1.700 Euro. Wir haben beide 2004 in Trostberg gekauft. Es sind top belastbare Alu-Reiseräder mit kürzerer Geometrie, einer Schaltung wie bei einem Mountainbike, aber ohne Stoßdämpfer. Alles, was leicht kaputtgehen konnte, vermieden wir.

Ihr hattet vorab alles, was Ihr letztlich mitnahmt, „kleinlich" gewogen und Eure Räder exakt gleich schwer bepackt – 50 Kilogramm jeweils. Hättet Ihr Petras Gepäck nicht etwas leichter ausfallen lassen können?

Na ja, sie ist neun Jahre jünger als ich *(Volker lacht)* – daher war es wieder gerecht verteilt. Petra bestand auch darauf, sie ist emanzipiert *(beide lachen)*. Und ich hatte damit keine Ausrede, wenn ich mal langsamer war, weil ich das schwerer beladene Rad hätte.

Apropos langsam: Mit so viel Gepäck am Rad bekamt Ihr bergab sicher ordentliche Geschwindigkeiten auf den Tacho.

In der Tat: Petras Rekord lag bei 74 km/h, bei mir waren's 71 km/h.

Wie habt Ihr die Räder in den Zeltnächten gesichert?

Möglichst nah am Zelt, mit normalen Schlössern und den Bärenglocken. Da hätten wir es gleich gehört, wenn sich jemand an den Rädern zu schaffen gemacht hätte.

21. Etappe

Ihr konntet Eure Räder nach 20 Monaten im Dauerbetrieb zum Schluss kaum noch sehen.

Es lag wohl an der Dauer der Reise. 20 Monate am Stück ist eine sehr lange Zeit. Bei unserer Tour 2005/06 waren wir während der eineinhalb Jahre zwischendurch zweimal zu Hause. Das hat gut getan, um wieder aufnahmebereit zu werden.

Gab es körperliche Beschwerden aufgrund des Radfahrens?

Wenn es heiß war, kam es schon mal vor, dass wir uns das Gesäß ein wenig wundfuhren. Aber da half dann die Vaseline-Creme ganz hervorragend. Wir haben vom Radfahren noch nie einen Muskelkater bekommen.

Wie sah es mit Eurem Ehrgeiz aus, die Bergpässe auf und nicht neben dem Rad zu meistern?

Wir entwickelten ganz automatisch den Ehrgeiz, fahrend drüber zu kommen.

Staubbeladen, Peru.

Manchmal gelang das nicht, weil es die Straßenbeschaffenheit nicht zuließ. Gewisse Schotterbeläge waren einfach zu grob. Das Fahren besaß aber auch einen weiteren großen Vorteil: Denn das Schieben war mit den schweren Rädern noch weit anstrengender. Einmal haben wir uns den Spaß erlaubt, uns an zwei langsamen Lkw – nur mit zirka 10 km/h unterwegs – seitlich festzuhalten, um uns ein Stück mitziehen zu lassen.

War das nicht viel zu gefährlich?

Wir mussten uns schon sehr auf die Straße und den Verkehr konzentrieren. Als viel gefährlicher empfanden wir jedoch die Aktionen einiger Rennradfahrer in Argentinien. Die hingen sich bei rund 70 km/h in die Windschatten der Laster. Bei Abständen von zirka zehn Zentimetern zum Lkw hätten die bei Bremsmanövern niemals ausweichen können.

Störte die Lkw-Lenker Euer „Dranhängen" nicht?

Nein, die fanden das eher lustig.

Sonderwertung

Jerusalema und der Präsident *oder* Helmut Kohl kenne ich nicht persönlich

Zwischen Inhassoro und Buzzi River in Mosambik gab's nicht mehr viel zu sehen, und aufgrund der Landminen wollten wir auf eine Zelt-Übernachtung in der Region verzichten. Wir trampten den größten Teil der folgenden 230 Kilometer. Jeder, der auch nur ein wenig Platz übrig hatte, hielt an und half. Ein Lastwagenfahrer erzählte uns von einem Verwandten in Buzzi River. Jerusalema würde für die folgende Nacht sicher einen Schlafplatz für uns organisieren. Zudem hatte er ein paar Jahre in Deutschland gelebt und spreche perfekt Deutsch. Wunderbar, dachten und freuten wir uns.

Wir fanden Jerusalema in einem kleinen Ort aus Bretterbuden und glaubten, den Prinz aus Zamunda vor uns zu sehen. Er hatte die gleiche Stimme wie der deutsche Synchronsprecher von Eddie Murphy, dazu das übersprudelnde Temperament des Hollywood-Schauspielers. Er machte uns schnell klar, dass es zum Weiterfahren schon viel zu spät sei und dass es um 7 Uhr Abendessen gebe. Wir sagten zu und Jerusalema zeigte uns, wo sich der Dorfduschplatz befindet. Wir schauten uns ein wenig im Dorf um, während für uns das Essen zubereitet wurde. Inzwischen säuberte Jerusalema seine kleine bescheidene Hütte, in die gerade ein Bett und seine Honigfässer passten, und bereitete mit frischen Decken unseren Schlafplatz vor.

Er signalisierte uns, draußen schlafen zu wollen. Für ihn sei es eine Ehre, uns bewirten zu dürfen, und wir würden ihn kränken, wenn wir dies nicht annähmen. Jerusalemas Gastfreundschaft kannte keine Grenzen. Er freute sich so, dass wir da waren und fühlte sich, als wäre er in Deutschland – beschämend für uns, als wir daran dachten, wie manche Menschen in unserem Land mit Gästen aus fremden Nationen umgehen.

Am nächsten Morgen würden wir zu einer kleinen Farm gehen und eine Ziege schlachten. Wir würden sie grillen, dazu trinken und uns ohne Ende unterhalten. Aus Jerusalemas Jacke lugte stets der Kopf seines kleinen Affen Jenny. Wir saßen auf alten Kanistern bei Kerzenlicht vor seiner Hütte und tranken Wein. Aus vier verschiedenen Richtungen drang Musik zu uns, ein Gewirr aus sich überschlagenden Stimmen, die versuchten, gegen die Lautstärke der Musik anzukämpfen.

Plötzlich traten bewaffnete Militärs aus dem Dunkel und umzingelten uns. Eine kurze Unterhaltung folgte, Jerusalema packte seinen selbst gebrannten

Schnaps aus und die Soldaten kippten das Zeug becherweise in sich hinein. Jedem Neuankömmling wurde nun die Geschichte mit den beiden Radlern aus Deutschland erzählt. Auf einmal erschien einer, der sich als Journalist ausgab. Stolz zeigte er immer wieder seine Ausrüstung. Sein Kassettenrekorder mit Mikrofon erinnerte mich *(Volker)* an mein erstes Konfirmationsgeschenk vor über 30 Jahren.

Zu Gast bei Freunden: Volker mit Jerusalema, Mosambik 2001.

Grund für das ganze Spektakel war eine Autopanne des Präsidentschaftskandidaten der Opposition. Er stattete der Region Manica einen Wahlbesuch ab. Diplomaten in feinen Anzügen setzten sich zu uns. Wir kamen ins Gespräch. Uns würde sich nun die Gelegenheit bieten, den künftigen Präsidenten des Landes zu sehen. Jerusalema zog mich *(Volker)* an der Hand hinter sich her, und ehe ich mich versah, stand ich von einer Menschenmenge und Militärs umringt dem Präsidentschaftskandidaten gegenüber. Meine Nervosität stieg spürbar, und ich stotterte in schlechtem Englisch dürftige Antworten auf die höflichen Fragen des Diplomaten zurecht. „Ja, wir fühlen uns im Land wohl, und nein, Helmut Kohl kenne ich nicht persönlich".

Später saßen wir noch lange zusammen und quatschten bis in den Morgen hinein, ehe sich Jerusalema mit mehreren Decken vor seine Hütte legte und wir uns mit Jenny, seinem Affen, ins warme Innere zurückziehen durften.

In der Früh war es schweinekalt, fünf Grad ungefähr. Wir tranken gegenüber bei einer füllingen Mama heißen Kaffee, während ihr zirka acht Jahre alter Sohn barfuß am Feuer hockte, um die Wärme aufzunehmen. Wir tauschten Adressen aus, redeten über mögliche Geschäfte, wurden mit Honig und Apfelsinen beschenkt und verabschiedeten uns. Mit einer neuen Adresse für unser nächstes Tagesziel im Gepäck fuhren wir früher als geplant weiter. Denn wir wollten die unglaubliche Gastfreundschaft Jerusalemas nicht über Gebühr strapazieren.

Alle standen vor der Hütte und winkten, als wir von der Hauptstraße auf die Piste einbogen und gerührt von so viel Herzlichkeit ein paar Tränen verdrückten. Es ging Richtung Dombe, zum Wald der wilden Elefanten.

Bearbeitet aus Volkers Reisetagebuch

22. Etappe: Typisch deutsch

Kam es während des Radfahrens vor, dass Ihr Euch mal verloren habt?

Wir achteten schon immer darauf, zumindest Blickkontakt zu haben. Wir fuhren auch nicht immer gleich schnell. Oder waren nicht immer gleich gut drauf – mal radelte der eine schneller, mal der andere. In Kanada war Petra mal ein paar hundert Meter vorgefahren, stand auf einer kleinen Anhöhe und winkte mir zu. Ich dachte, die Alte spinnt und winkte zurück. Dabei wollte sie mich nur vor einem Schwarzbären warnen, der gerade die Böschung oberhalb der Straße runterrutschte.

Ergab sich daraus eine gefährliche Situation für Dich, Volker?

Ich habe den Bär erst wahrgenommen, als er fast neben mir war. Er befand sich nur noch in zirka zehn Metern Entfernung. Ich bin sehr zügig weitergefahren.

Wenn man zu zweit unterwegs ist, in einsamen Gegenden, täglich auch irgendwo „aufeinander sitzt", muss man sich in vielen Punkten blind verstehen. In welchen Punkten habt Ihr besonders gut harmoniert?

Wir sind konditionell auf dem gleichen Level, haben annähernd gleiche Interessen und Neigungen. Wir kennen uns schon so lange, dass wir auch ungefragt

Vereinte Kräfte: Teamgeist hilft.

wissen, wie es dem anderen geht. Es fällt uns leicht, auf den Partner Rücksicht zu nehmen, wenn er einen schlechten Tag hat. Dann fuhren wir auch mal nur eine kurze Etappe oder legten einen Pausentag ein. Andere männliche Einzel-radler haben mich *(Volker)* immer beneidet: „Endlich mal eine Frau, die nicht zickig ist und alles mitmacht." Um mich hat Petra dagegen keiner beneidet, wobei ich doch auch alles mitmache (*Volker drückt die Unterlippe nach vorn und wir lachen alle*). Wenn man so lange recht isoliert aufeinander hängt, gewöhnt man sich die seltsamsten Sachen an. So haben wir zeitweise nur in der dritten Person miteinander kommuniziert. Am Morgen fragte Petra beispielsweise: „Hat der Mann gut geschlafen?" Und ich antwortete: „Ja, danke, dass die Frau nachfragt."

Ihr konntet also auch so richtig „positiv spinnen"?

Ziemlich oft sogar. Wir nahmen und nehmen sowieso nicht alles so ernst.

In welchen Phasen und Punkten war Euer Zusammenleben während der Tour aus-baufähig?

Petra war morgens immer wie ein Wirbelwind, während ich ein wenig länger brauchte, um in die Gänge zu kommen. Während der Reise baute sie dann schon mal das Zelt ab, während ich noch meine Sachen im Inneren zusammen-suchte. Oder sie ließ bereits die Luft aus der Isomatte, während ich noch darauf lag. Schrecklich. Ich *(Petra)* verzweifelte, wenn Volker mal wieder alle seine Sachen ums Zelt verteilte und mich ständig fragen musste, wo sein Zeug sei.

Eure Stärken – und auch Schwächen – ergänzten sich auf Euren Reisen womöglich perfekt. Welche Attribute zeichnen Dich, Volker, in dieser Hinsicht aus?

Wir sind beide sehr unentschlossen, ambivalent, wenn wir zwischen zwei of-fenbar gleichwertigen Dingen entscheiden müssen. Wenn beispielsweise die Frage zu klären ist, fahren wir dahin oder dorthin. Es werden dann unzählige Male alle Vor- und Nachteile abgewogen, ehe wir eine Entscheidung treffen – die jedoch wenig später wieder in Frage gestellt wird. Wir sind dann richtig froh, wenn uns jemand die Verantwortung abnimmt: „Ihr solltet auf jeden Fall das und das machen." Scheint wohl auch eine typisch deutsche Eigenart zu sein. Eine Afrikanerin, die einen Stand auf einer Messe in Deutschland hat-te, beschrieb uns unsere Landsleute wie folgt: „Die meisten Menschen kaufen spontan etwas ein, ohne lange nachzudenken, wenn ihnen etwas gefällt. Nicht so der Deutsche. Er wägt den Preis ab, dreht einen Gegenstand unzählige Male um, wägt Vor- und Nachteile ab. Riecht sogar am Objekt, um sich dann zu-rückzuziehen und noch einmal mit sich ins Gewissen zu gehen. Wenn er dann einen Kauf in Erwägung zieht, kommt er zum Stand zurück, um die zweite Runde des Entscheidungsprozesses einzuleiten. Zur erneuten Prüfung." Darin erkenne ich *(Volker)* mich sehr gut wieder. Ich kann schlecht Ordnung halten. Meine Versuche, am Abend auch mal vor Petra in den Schlafsack zu klettern, scheiterten allesamt kläglich. Während sie sich schon in der Einschlafphase befand, versuchte ich noch alle möglichen Sachen zu finden: Wo ist das Pfefferspray? Hast du die Stirnlampe gesehen? Zu meinen Stärken zählt sicher, dass es mir leicht fällt, auf Menschen zuzugehen, Kontakte herzustellen und mich auch in andere Menschen einzufühlen.

Und bei Dir, Petra?

Also zunächst muss ich mal sagen, dass Volkers Klaue in seinem Reisetagebuch kein Mensch lesen kann *(der Autor kann dies bestätigen – wir lachen alle)*. Meine Stärke ist sicher, dass ich mich sehr gut auf alle erdenklichen Situationen einstellen kann, unkompliziert und gut organisiert bin. Auf der anderen Seite werde ich ungeduldig, wenn es mehrere gleichwertige Möglichkeiten gibt, aber eine Entscheidung getroffen werden muss.

Volker, Du hast auch noch ein ganz anderes, ungeahntes Talent.

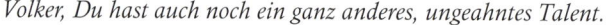

Viehherde, Nicaragua.

Ich habe fast zehn Jahre lang nebenbei Geld mit Straßenmusik verdient, habe dabei in Berchtesgaden, Bad Reichenhall, Traunstein und Hallein rumgeklimpert. In einer lokalen Tageszeitung erschien darüber sogar mal ein Artikel. Diese Art von Musik hat mich damals unheimlich fasziniert, weil ich mir frei und unabhängig einen Nebenverdienst schaffen konnte. Ich habe allein gespielt – Gitarre und Gesang – irische Folksongs. Meist samstags, weil da der Verdienst besser war, jeweils zirka zwei Stunden. Das war zwischen 1990 und 2000.

Welche Werte sind Euch wichtig?

Wir können die Werte nur schwer verallgemeinern. Es gibt so viele unterschiedliche Lebensbereiche. In der Partnerschaft erwarten wir uns Ehrlichkeit und Akzeptanz – dass uns der Partner so akzeptiert wie wir sind und nicht ständig versucht, uns zu ändern. Von Freunden erwarten wir Ehrlichkeit und Hilfsbereitschaft. In den Ländern, die wir bereisen, erhoffen wir uns eine gewisse Freundlichkeit der Menschen. Im Arbeitsleben bauen wir auf ein offenes und ehrliches Arbeitsklima sowie die Unterstützung in Form von Anerkennung und Kritik der Arbeitsleistung. Gegenseitig erwarten wir von uns selbst in allen Lebensbereichen die genannten Attribute.

23. Etappe: Warum ich noch lebe

Wie seid Ihr aufgewachsen? Hattet Ihr eine glückliche Kindheit?

Wir sind unter einfachen Verhältnissen aufgewachsen und hatten jeweils eine glückliche, zufriedene Kindheit. Ich *(Volker)* bin in einem Haus ohne fließend Wasser aufgewachsen, es kam aus einem Brunnen. Es war trotzdem toll, weil wir an einem See wohnten, in Köln-Fühlingen. Wir hatten dort unseren eigenen Strand und einen Pavillon. Was kann es für Kinder Schöneres geben? Ich *(Petra)* lebte mit meinen Eltern, meinen Brüdern und mit der Oma in einem Haus. Ich war schon immer gerne draußen, hatte aber auch andere Phasen, richtig faule. Da waren Kneipen und nicht die Natur angesagt.

Es gibt „Wohn"-Parallelen im Vergleich, wie Ihr heute lebt, zu Eurer Kindheit.

In Argentinien.

Das ist ganz witzig, ja: Ich *(Petra)* hab auch als Kind an einer Bahnlinie gewohnt, so wie jetzt. Volker wohnte früher in der Brüggener Straße 23, jetzt ist es die Berchtesgadener Straße 23.

Zu Beginn Eures Lebens waren es einfache Verhältnisse. Und auch jetzt lebt Ihr – wobei es Euch an nichts fehlt – nicht in Saus und Braus. Ganz bewusst zurück zu den Wurzeln also?

Die Kindheit prägt. Wir brauchen keine großartigen materiellen Güter, um glücklich zu sein, und versuchen ganz bewusst, im Jetzt zu leben. Wobei wir uns natürlich auch Gedanken um das Morgen machen. Auf Reisen sahen wir so viele Menschen, die mit einfachsten und auch unsichersten Lebensbedingungen zurecht kommen. Dagegen sind die Verhältnisse unserer Mittelschicht in Deutschland geradezu paradiesisch.

Viele Menschen verbinden Besitz mit Wohlstand.

Geld ist für uns nicht nur wichtig, um unsere Reisen zu finanzieren. Wir haben Bedürfnisse wie andere Menschen auch. Wir müssen auch arbeiten, um unser Leben zu finanzieren und geben beispielsweise verhältnismäßig viel Geld für Sportartikel aus. Allerdings habe ich *(Petra)* keine 20 Paar Schuhe im Schrank. Wir brauchen auch keine hochmoderne Einbauküche, sondern haben alles aus Einzelstücken zusammengetragen. Weil es Spaß macht, selbst zu gestalten. Hätten wir heute einen großen Lottogewinn, wüssten wir morgen wohl nicht, was wir groß ändern sollten.

Was empfindet Ihr gegenüber Leuten, denen die Arbeit wichtiger als die Freizeit ist?

Irgendwo habe ich *(Volker)* auch so etwas wie Bewunderung für diese Menschen. Ich finde es wirklich klasse, wenn Menschen in ihrer Arbeit aufgehen. Wir kennen solche Leute und ich muss sagen, dass sie unglaublich ausgeglichen sind. Das ist bewundernswert.

Und was denkt Ihr über Leute, die nicht gerne vor die Türe gehen, also regelrechte Stubenhocker sind?

Jeder so wie er möchte. Wenn jemand glücklich damit ist, warum nicht.

Was macht Ihr, wenn Ihr gar nichts macht, also faul seid? Könnt Ihr daheim auch mal dem Stubenhocken nachgehen?

Einfach nur faul rumliegen, nein, das gibt es bei uns eigentlich nicht. Wenn wir so gar nichts zu tun haben, spielen wir gern. Rummikub zum Beispiel, oder Backgammon. Wir nennen das Entspannungsspiele. Aber einfach nur so spielen, ohne Einsatz, das geht auch nicht. Wir spielen dann um Geld. Kleine Beträge. Das kommt in eine Gemeinschaftskasse, und nach einiger Zeit können wir uns schon wieder etwas davon leisten.

Glaubt Ihr an Gott, an Vorsehung, Bestimmung?

Nein, ich *(Petra)* glaube eher an meinen eigenen Instinkt.

Volker zögert mit der Antwort etwas und berichtet dann von folgendem tragischen Erlebnis:

Im März 1975 war ich im Skiurlaub in Mallnitz in Österreich und begegnete dort einer interessanten Frau. Ich wollte sie näher kennenlernen, wir verabredeten uns zum Langlaufen. Am nächsten Morgen kam ich nicht aus dem Bett. Ich weiß bis heute nicht, warum. Ich kam einfach nicht auf und bin erst um 4 Uhr nachmittags aufgestanden – das passierte mir vorher nie, und auch nachher in meinem ganzen Leben nicht mehr. Wäre ich aufgestanden und zum vereinbarten Treffpunkt am Parkplatz gewesen, wäre ich jetzt mit ziemlicher Sicherheit nicht mehr am Leben – denn eine Lawine verschüttete eine Feriensiedlung samt dem Parkplatz. Es gab acht Tote, auch die Frau, mit der ich verabredet war, wurde verschüttet und überlebte nicht. Dieses schreckliche Ereignis hat mich schon sehr nachdenklich gemacht. Ob es eine innere Eingebung war, eine höhere Fügung, irgendeine Vorahnung, ein Instinkt – ich weiß es nicht. Seit diesem Tag lasse ich Dinge bleiben, wenn ich ein unangenehmes Gefühl habe. Wir lassen es, wenn es uns nicht gut dabei geht und verlassen uns auf unsere inneren Stimmen.

> **Information**
> 31. März 1975: In Mallnitz wird eine Feriensiedlung der Bau- und Holzarbeitergewerkschaft von einer Lawine verschüttet: acht Tote.
> *(Quelle „Vorarlberg Online")*

Wie geht es Euch beim Fliegen?

Ich *(Petra)* habe damit keine Schwierigkeiten. Volker mag es nicht so gern. Er ist froh, wenn das Flugzeug wieder gut gelandet ist. Ich *(Volker)* denke mir eigentlich nicht viel dabei, habe aber dennoch nasse Finger, wenn es losgeht. Ich sitze auch nervös im Sessel, wenn die Landung holprig abläuft, Petra liegt quer und schläft – unglaublich. Alle schauen aus dem Fenster und haben Sorge, ob alles gut geht – und sie schläft.

Seid Ihr abergläubisch?

Nein, bin ich *(Petra)* nicht. Er geht nicht unter einer Leiter durch *(sie schmunzelt)*. Es ist jetzt nicht krankhaft, aber ein wenig abergläubisch bin ich *(Volker)* schon.

Trödelmarkt, Argentinien.

Ruhetag: Heimat

Raum für Veränderung

Heimat ist wichtig. Auch für mich. Bei jeglicher Reiseleidenschaft und dem Dauerdrang, anderes zu sehen, zu ERleben. Das abgedroschene „wissen, wo man hingehört" stimmt schon. Irgendwie. Wenngleich das jeder-„man" sicher differenziert darstellen würde – auf engstem Raum wie Buch-Protagonist Volker Braun („Mein Haus ist meine Heimat") oder weit ausladender, wie es mir jüngst eine Bekannte auf meine Frage hin sagte: „Heimat? Das ist für mich schon ganz Bayern" – trotz oder gerade weil der weiß-blaue Freistaat so viele verschiedene Landschaften, Charakter, Sprachen zu bieten hat. Und eben nicht nur Berge und Seen, Weißbier und Brezen, Tracht, Tradition und Schlösser samt Königsprunk. Heimat kann eine Region, ein Land, ein Volk, seine Sprache oder Religion, wenige Menschen oder einfach nur die eigene Familie sein.

Für mich wird Heimat immer dann deutlich, wenn ich von Reisen, zumindest zwei, drei Wochen andauernd, zurückkehre. Fahre ich beispielsweise aus Irland, Skandinavien oder Norddeutschland auf der A8 aus München kommend Richtung Bad Reichenhall, überkommt mich spätestens am Irschenberg gleich hinter dem Leitzachtal Heimatfeeling – vielleicht ist es der sagenhafte Rechts-

Ein Berg als Heimat? „König" Watzmann – Wahrzeichen des Berchtesgadener Landes.

blick auf die Wallfahrtskirche Wilparting inklusive Postkartenidyll mit baye-
risch-österreichischer Voralpenkette. Der Blick streift weiter Richtung Osten,
die Kampenwand nur einen Steinwurf vom Chiemsee entfernt, der liebevoll
Bayerisches Meer genannten Chiemgau-Perle, und am Horizont sind bei klarer
Luft bereits zwei Reichenhaller Hausberge gut auszumachen: Der Hochstaufen
und der Zwiesel samt Zenokopf und Jochberg.

Heimat ist – auch für mich – mehr als nur wichtiger Rückzugsort. Sie ist Iden-
tität, Verbundenheit, Beziehung, Ausdruck, Leidenschaft, Begegnung, Freundschaft, ja Liebe. Sie sorgt für Geborgenheit, ein Stück weit Sicherheit, Muße
und Kraft, ist Ruhepol, gibt Hilfe und Wärme. Die Menschen der Region, ihre
positiven wie negativen Seiten, ihre Vorlieben und Macken, die Natur als Ge-
samtkunstwerk, die Lebensauffassung ... – all das muss freilich nicht eins zu
eins mit meiner Einstellung harmonieren. Heimat ist stets präsent, und lässt
einen womöglich nie im Stich. Sie bleibt, ewig, und ist doch nichts Festze-
mentiertes. Heimat kann auch 14.000 Kilometer entfernt neu entstehen. Der
Mensch ist in der Lage, ein Leben lang Wurzeln zu schlagen, zur Not wieder
und wieder.

Heimkommen ist Genuss. Für mich. Jedesmal. Auch wenn die Reise dann vorüber ist, und egal wie lange sie dauerte. Die Erinnerungen bleiben. Für immer.
Allein das Hochladen der Unterwegsbilder auf den Computer, die Sichtung
der Ergebnisse, das Aussortieren – eine mehr als angenehme Nachspielzeit des
Wegseins. Dann Freunde wieder treffen, erzählen, austauschen. Selbst das eigene Zuhause muss auch wieder neu kennengelernt werden. Keinesfalls eine
uninteressante Angelegenheit.

Denn: Heimat ist für mich ganz banal der Rupertigau, der Chiemgau, das an-
grenzende Salzburger Land samt Salzkammergut – mit allem, was sich darin
bewegt und dazugehört. Genug Raum für Veränderung also.

Hans-Joachim Bittner

24. Etappe: Andrea Henkel wichtiger als der Finanzminister

Euer Lichtbildervortrag über die jüngste Reise von Alaska bis Feuerland soll den Titel „Bis ans Ende der Welt … – und darüber hinaus" tragen. Wo war für Euch das Ende der Welt?

In Tansania, bei den Massai: Ihre Lebensweise ist für unseren Kulturkreis unvorstellbar, unfassbar beeindruckend. Ihre Einfachheit, die Ruhe, ihr Leben ohne Grenzen, völlig fremd für uns – und vielleicht deshalb so faszinierend. Diese Menschen strahlen einzigartigen Stolz aus, ich *(Petra)* war noch nie so tief in eine Kultur eingetaucht. Auf Sansibar hatten wir einen evangelischen Pfarrer aus Rosenheim kennengelernt, Stefan Scheuerl. Sie nannten ihn dort Pater Stefano. Er lebte sieben Jahre lang, von 1996 bis 2003, als Missionar bei den Massai in Nordost-Tansania. Er nahm uns mit in die Dörfer, zu den Stämmen. Es waren keine Touristen-Massai-Stämme.

Was habt Ihr dort erlebt?

Wir schrieben später in unser Tagebuch: Heute ist unser sechster Hochzeitstag, und Pater Stefano hat die Erlaubnis des Stammes für unseren Besuch eingeholt. Wir kaufen drei Liter Kochöl als Gastgeschenk und fahren mit Stefan und ein paar Massai ins 30 Kilometer entfernte Boma (= Kral / Dorf) zum Stamm der Narilukonia.

Die Hand der älteren Massaifrau an meinem *(Volker)* Oberschenkel verunsicherte mich und ich dachte unweigerlich an ihren, nach der Geburt des zweiten Kindes vom Ehemann tolerierten Wunsch nach Aufbau einer außerehelichen Liebesbeziehung. Wahrscheinlich suchte sie in diesem ruckeligen Wagen nur Halt, und ich war froh, eine lange Hose zu tragen. Wir sitzen gemeinsam in einer Hütte, deren Wände aus einer Mischung von getrocknetem Kuhmist und ineinander verflochtenen Ästen besteht. Man schläft auf einer auf dem Boden ausgelegten Kuhhaut. Wir trinken stark gesüßten Tee mit Milch, zum Essen gibt es fettigen Reis mit Ziegenfleisch. Jeder bedient sich mit der Hand aus dem Topf in der Mitte.

Kleiderschränke gibt es nicht, denn die Bekleidung ist „einfach" vorhanden und wird immer getragen: für die Männer ein ziegelrotes Baumwolltuch, für die Frauen ein Fell oder ein Stück Leinen. Die Massai nannten die ersten Europäer, die in dicke Stoffe eingemummt waren, „iloridaa enjekat", was soviel heißt wie „die, die ihre Fürze einsperren". Als wir über versteckte Pfade zum Schlachtplatz gehen, wird streng darauf geachtet, dass keine Frau in der Nähe ist. Der Platz ist für sie tabu, da befürchtet wird, das Fleisch würde sonst verderben. Für Petra wird eine Ausnahme gemacht. Mit einem großen Messer werden frische Fleischstücke aus der Haxe einer Ziege geschnitten und im Kreise verteilt. Am Nachmittag beginnt das Fest mit klassischen Massaitänzen und Gesängen. Synchron zur Atmung und Bewegung stoßen die im Oberkörper vor- und rückschwingenden Tänzer Laute aus. Sie tanzen sich in Trance. Dazu werden hohe Luftsprünge vorgeführt. „Die Massai sind so groß, weil sie immer bis hinter den Horizont schauen, um zu sehen, ob es nicht irgendwo eine Kuh zu entwenden gibt", erzählen die Kikuyu ironisch.

Aber ein Massai stiehlt nicht, denn als Engai, ihr großer Gott, Himmel und Erde trennte, hinterließ er den Massai die Kuh. Alle Herden der Welt gehören ihnen. Die Massai verachten andere afrikanische Völker, die vom Ackerbau leben, weil sie die Erde bearbeiten und die Erde Engais Eigentum ist. Sogar die Toten werden den Tieren der Savanne überlassen, ehe die heilige Erde entweiht wird. Sie akzeptieren keine Grenzen oder Landrechte, da der Boden nur Engai gehört. Sie werden immer wieder aufgefordert, Nutzpflanzen anzubauen, die Schule zu besuchen, feste Unterkünfte zu errichten, endlich sesshaft zu werden und aufzuhören, „ein Ärgernis zu sein". Gleichzeitig sollen sie innerhalb der Touristenindustrie möglichst authentisch vermarktet werden. Inzwischen haben viele Massai angefangen, in den zahlreichen Hotels und Lodges zu arbeiten. Der Großteil hat sein halbnomadisches Leben aber nicht aufgegeben und geht einer eher traurigen Zukunft entgegen. Auch wenn die Massai inzwischen als friedlich gelten, bleibt ihr Wesen immer ein wenig undurchschaubar. Sie werden sich wahrscheinlich nie vollkommen ändern, denn Engai hat ihnen, als er Himmel und Erde trennte, die Kühe geschenkt. Warum sollten sie nun diese große Gabe verachten und ihr bisheriges Leben ändern?

Information
Die Massai sprechen das sogenannte Maa, das zur Familie der Nilotischen Sprachen gehört. Sie stammt aus dem Niltal, vorwiegend aus dem Sudan. Viele „moderne" Massai haben sich im Laufe der Zeit auch das in Tansania gesprochene Swahili angeeignet.

(Quelle Wikipedia)

Schaut Ihr Euch Kirchen auch mal von innen an?

Das schon. Bei Weitem nicht jede, aber ab und zu gehen wir schon hinein. In Kibaya in Tansania durften wir einmal einem Kinder-Gottesdienst beiwohnen, drei Stunden hat der gedauert. Da sich nur selten Fremde an diesen Ort

Bei den Massai in Ostafrika, Tansania 2001.

verirren, mussten wir uns der Kirchengemeinde vorstellen, auf Englisch: Wie wir heißen, wo wir herkommen und wie es uns hierher verschlagen hat – durch eine Einladung von Pater Stefano. Fast unmöglich war zu erklären, warum wir mit dem Rad reisten. Europäer sind in afrikanischen Augen unvorstellbar reich. Sie verstehen nicht, warum Leute mit dem Rad fahren, wenn sie sich doch ein Auto leisten können – es sei denn, sie sind ein wenig verrückt. Wir saßen in dieser Kirche, mit offenem Mund, es war fantastisch. Die Begeisterung der Kinder, ihre Fröhlichkeit, die Gesänge, die Farben ...

Die vielleicht blöde Gegenfrage zur ersten Frage darf natürlich nicht fehlen: Wo beginnt für Euch die Welt?

Keine Ahnung *(Petra)*. Zu Hause, am ersten Tag der Reise *(Volker)*.

Wie sehr fehlt Euch daheim Exponiertheit, das „Ausgesetztsein"?

Wenn ich *(Volker)* drei, vier Jahre gearbeitet habe, fehlt mir die Spannung im Alltag. Man hat alles, es gibt kaum Abwechslung, nicht viel Neues. Ich empfinde das rasch als langweilig und werde dann von Tag zu Tag neugieriger. Mir fehlt schließlich die Luft zum Atmen. Dann kribbelt es und ein Abenteuer in Form einer außergewöhnlichen Reise muss her. Bei mir *(Petra)* stellt sich irgendwann das Gefühl ein, aus dem Alltagsleben ausbrechen zu müssen. Das kommt schleichend.

Interessierte Euch auf Reisen, was im Rest der Welt oder daheim los war?

Was daheim los war, erfuhren wir von unseren Familien und Freunden. Was in der Welt passierte, interessierte uns in diesem Moment nicht so sehr. Wir mussten auch nicht alles erfahren. Mich *(Volker)* interessierte auch mehr, ob Andrea Henkel im Biathlon gewonnen hat als der Name des neuen Finanzministers. Richtig große Ereignisse – und das sind ja oft Katastrophen – bekamen wir aber automatisch immer rasch mit. Da war beispielsweise der Angriff aufs World Trade Center 2001 oder der Tsunami 2004 in Thailand. Als am 11. September 2001 die Anschläge in New York verübt wurden, waren wir gerade in Sambia (Afrika) unterwegs. Als der Tsunami Weihnachten 2004 kam, waren wir zuhause.

Vom Eishallen-Unglück am 2. Januar 2006 in Bad Reichenhall, als 15 Menschen starben, habt Ihr nur durch einen Zufall erfahren. Ihr wart gerade in Laos in Südostasien.

Einen Tag später. Auf einmal lag die „Bangkok Post", eine englischsprachige Zeitung, vor uns auf einem Tresen. Wir wussten erst nicht, was da eingestürzt war, da wir das englische Wort für Eishalle nicht kannten und es in der Zeitung deshalb nicht verstanden. Ansonsten ist ja heutzutage viel über das Internet zu erfahren. Wir waren auch während unserer Reisen immer öfter online, um uns mit der Heimat auszutauschen. Somit bekamen wir immer sehr viel mit.

Laguna de Fuente de Piedra, Bolivien.

Bestseller-Autor Andreas Altmann kreierte den Begriff „weltwach" und schaffte es damit unbeabsichtigt sogar in den Duden. Wie weltwach würdet Ihr Euch beschreiben?

Auf fremde Kulturen und Landschaften bezogen, sind wir das sicher, auf die Politik im Allgemeinen weniger. Politische Missstände sagen doch wenig über die Lebensweise der Menschen eines Landes aus.

25. Etappe: Sportlos

Habt Ihr einen Fußball-Lieblingsverein?

Nein, das nicht. Aber Volker hing bei einer WM oder EM schon vor dem Kasten, um die deutschen Spiele zu sehen – meist auf Campingplätzen, wenn alle Camper vor einem kleinen Fernseher zusammenkamen. Da sahen wir die Urlauber dann schon Stunden vor dem Anpfiff, wie sie die Antennen auf ihren Wohnmobilen ausrichteten, um am Abend das jeweilige Spiel sehen zu können.

Wo habt Ihr das deutsche Sommermärchen 2006 erlebt?

In Norwegen. Auch dort war das Fußball-Fieber großartig, obwohl die Norweger gar nicht mitspielen durften. Aber die vielen deutschen Urlauber verbreiteten auch dort jede Menge Enthusiasmus.

Was bedeutet Heimat für Euch?

Unser Lebensmittelpunkt, da wo wir uns wohlfühlen, wo unsere Freunde sind. Hier ist uns vieles vertraut und wir fühlen uns sicher. Es ist anders als auf Reisen: da müssen wir uns ständig umorientieren.

Ihr seid im Rheinland aufgewachsen. Wo ist geographisch für Euch Heimat?

Das vermutlich höchst gelegene Basketballfeld der Welt auf rund 4.200 Metern, Bolivien.

Wo wir jetzt sind, in Bad Reichenhall, in unserem Haus. Für mich *(Volker)* ist es schon auch wichtig, zu wissen, wo ich hingehöre.

Was macht Heimat für Euch aus?

Der Wohlfühlcharakter muss stimmen. Bad Reichenhall und die Berge drum herum sind unsere Heimat geworden, hier fühlen wir uns jetzt wohl. Die großartige Gebirgslandschaft, der faszinierende Wechsel der Jahreszeiten. Die vielen Freizeitsport-Möglichkeiten, im Winter Skitouren und Langlauf, im Sommer Kanufahren, Radfahren, Bergsteigen ...

Alerce Nationalpark, Argentinien.

Wie lange hat es gedauert, bis sich dieses Gefühl einstellte?

Na ja, wir Rheinländer sind schon ein wenig kontaktfreudiger als die Bayern. Aber nach ein paar Jahren konnten wir uns auch hier einen Freundeskreis aufbauen. An die seltsame Sprache mussten wir uns natürlich erst gewöhnen. Es hat Jahre gedauert, bis sprachlich aus einer Frikadelle ein Fleischpflanzerl wurde, was ich *(Volker)* noch bis heute komisch finde.

Hattet Ihr schon früher Sehnsucht nach den Bergen? Wie kam es, dass aus zwei Rheinländern zwei „Bayern" geworden sind?

Ich *(Volker)* schon, Petra eher nicht, sie war früher eine faule Socke, sportlos sozusagen. Sie hat gar nicht gewusst, wie sportlich sie ist. Ich wollte in die Berge. In der Buchenhöhe (Asthmazentrum Berchtesgaden) war damals eine Stelle ausgeschrieben. Also bin ich mit meiner damaligen Verlobten nach Marktschellenberg gezogen. Sie ist dann mit einem Arzt durchgebrannt. Ich *(Petra)* bin mit meinem damaligen Freund nach Berchtesgaden gezogen. Er machte eine Umschulung zum Holzbildhauer und ist deshalb hierher gekommen. Ich ging mit … − und bin geblieben.

Hoffnung: Das Ziel ist in Sicht.

Härteprüfung: Letzte Ölung für kleine Zimmerbewohner

Und noch einmal bekamen wir die Möglichkeit, ein echtes asiatisches Loch zu bewohnen. Das Bad einer unserer Unterkünfte 2002 im Inselstaat Sri Lanka wurde von kakerlakenähnlichen Riesenschaben bevölkert. Aufgrund von Durchzugsmangel war es unerträglich schwül, und beim Nachbarn lief unentwegt der Wasserhahn. Die Betten waren komplett durchgelegen, alles rollte zur Mitte hin. Der Ventilator fiel zweieinhalb Stunden aus, allabendlicher Powerbreak. Jeden Abend wurde der Strom zu wechselnden Zeiten für diese 150 Minuten abgestellt.

Eine nicht unerhebliche Anzahl an Moskitos schwirrte durch den Raum. Doch die Hitze unter dem schützenden Netz war unerträglich, also schwitzten wir im Sessel und schielten sehnsüchtig auf die ruhenden Ventilatorblätter. Die Tür zum Flur stand offen, da wir unser Zimmer mit Räucherspiralen eingenebelt hatten, um das Flugschwadron der Plagegeister ein wenig unter Kontrolle zu bekommen. Doch dadurch drangen nicht nur die Stimmen der Fernsehsüchtigen an der Rezeption bis zu uns, sondern auch noch jene eines Tierfreundes, der sich direkt unter unserem Fenster ausgiebig mit einer Katze unterhielt.

Der Room-Service gestaltete sich allerdings hervorragend: Er beseitigte die Riesenspinne über unserem Bett, und die Riesenschaben im Bad erhielten mit einer Giftladung aus einer überdimensionalen Sprühflasche ihre letzte Ölung. Im Nu war alles tot. Und wir machten uns ernsthaft Gedanken über die Zusammensetzung des soeben verteilten Pestizids, während sich beißender Gestank bereits vom Bad ausgehend in unserem Schlafzimmer breitmachte.

Ich *(Volker)* flüchtete vor den Moskitos, den Räucherspiralen, dem Todesgezappel der Riesenschaben, dem Giftgas und dem Katzenfreund in den Vorraum. Dort beobachtete ich die gerade angereiste Schulklasse beim gegenseitigen Türenzuschlagen, während die Lehrerin an der Rezeption dauerbrüllte. Eine Ratte kreuzte mein Sichtfeld. Und ich dachte: Eine schöne Stimmung für einen abschließenden Mord ...

Bearbeitet aus Volkers Reisetagebuch

Ziel: Radlust am Heiligen Abend erloschen

Angekommen.

Es ist der „aktive" Schlusspunkt einer langen, außergewöhnlichen Reise – mit dem Rad: Am Heiligen Abend 2012 gegen 19 Uhr Ortszeit erreichten Petra und Volker Braun nach 30.850 Kilometern mit Tränen in den Augen – rund 20 Monate nach ihrem Start in Bad Reichenhall – die südlichste Stadt der Welt: Ushuaia, Feuerland, Argentinien, Südamerika. Das emotionale Ende einer unbeschreiblichen Nord-Süd-Tour über die zwei amerikanischen Kontinente, durch 14 Länder. Am 23. Mai 2011 hatte sie in Anchorage, Alaska, begonnen.

Am Campingplatz trafen sie Anke und Georg und feierten mit viel Wein Weihnachten – und das Fahrrad-Ende ihrer 20-monatigen Tour. Die deutschen Freunde waren seit sieben Monaten mit ihren Motorrädern in Südamerika unterwegs. Sie hatten Petra und Volker zehn Tage zuvor am Perito-Moreno-Gletscher in El Calafate kennengelernt und bis Ushuaia noch mehrfach getroffen.

Überfordertes Flughafen-Personal

Für die letzten zwei Nächte übersiedelten die beiden in ein nobles Hostel. „Das wollten wir uns jetzt einfach gönnen." Bis 11. Januar 2013, also 18 Tage, mussten Petra und Volker im Süden Argentiniens warten, ehe sie einen günstigen One-Way-Rückflug nach Deutschland bekamen. Bis 10. Januar hätten sie über 2.000 Euro pro Person hinlegen müssen, einen Tag später nur noch 1.380 Euro. Ihre Fahrräder durften sie kostenfrei mitnehmen – da die Flughafen-Bediensteten mit der Extra-Rechnung für die Bikes überfordert waren. Bei all ihren Reisen zahlten die Brauns nur einmal für den Flug-Transport der Räder.

Rückblick: „Anfang November begaben wir uns von Bariloche in Argentinien auf die letzten 2.100 Kilometer unserer zunächst auf zwei Jahre angelegten

Tour. Im Alerce-Nationalpark *(Alerce = älteste Baumart der Welt, bis 3.600 Jahre / Anm. d. Autors)* gings auf schlechter Schotterstrecke nur langsam voran." Die abfließenden Gletscher hatten Seen und Flüsse gebildet, umsäumt von urigen Wäldern, gemäßigten Regenwäldern. Die Carretera Austral in Chile lag vor den Brauns: 950 Kilometer kaum besiedeltes, sturm- und regenreiches Land. Eine wilde Gebirgsregion mit Fjorden, riesigen Hängegletschern, tosenden Wasserfällen, schneebedeckten Vulkanen und dem riesigen Eisfeld „Campo de Hielo Sur" – so groß wie die Schweiz: das größte Gletschergebiet Patagoniens, zudem das größte auf der Südhalbkugel außerhalb der Antarktis. In den Anden gelegen, teils in Chile, teils in Argentinien. Die einsame Straße, die erst 1999 fertiggestellt wurde, besteht meist nur aus grobem Schotter, ein permanentes Bergauf-Bergab. „Der Wind drückte uns mehrfach in die Straßengräben. Wir waren zufrieden, wenn wir 50 bis 70 Kilometer am Tag schafften." Die großartige Landschaft entschädigte das Duo für alle Anstrengungen.

Ohne Gipfelsicht

Anfang Dezember erreichten die Brauns Villa O'Higgins und damit das Ende der Carretera. Hier ist für alle Motorisierten Schluss, die weiter nach El Chalten (Argentinien) wollen: Ein- bis zweimal wöchentlich setzt die Fähre über den gleichnamigen See. Weiter ging's auf einem 22 Kilometer langen Wanderweg. „Für die letzten sechs Kilometer benötigten wir dreieinhalb Stunden." Es ging durch Bäche und über Baumstämme, mitten durch Sumpfgebiete. Die Pfade präsentierten sich dem Paar stellenweise so schmal und eingegraben, dass sie mit ihren Fahrradtaschen regelrecht steckenblieben: „Abladen, auf-

Standard-Wetter am Fuße des Berggiganten Cerro Torre.

laden, die Räder bepackt über Baumstämme jonglieren, tragen, zerren. Eine kraftraubende Plackerei. Jetzt folgte nur noch eine weitere Fährüberfahrt sowie 40 Kilometer auf Schotter, durch Wind und Regen, und wir standen in El Chalten am Fuße der Berggiganten Fitz Roy und Cerro Torre. Leider wie so oft ohne Gipfelsicht."

In El Calafate, am sagenhaften Perito-Moreno-Gletscher, warteten die Brauns auf die richtigen Bedingungen, um nicht in Argentiniens sturmumtoster Pampa in die Windfalle zu radeln. Am 19. Dezember war es endlich soweit: Alle Wetterberichte verbreiteten Hoffnung: schönes Wetter, dazu Westwind mit 70 km/h. „Wir malten uns schon aus, die Beine auf den Lenker zu legen, um uns zum Tagesziel wehen zu lassen. Zuversichtlich machten wir uns auf den Weg – und schlitterten frontal in eine Schlechtwetterfront mit strammem Ost-, also Gegenwind." Die Unberechenbarkeit des Wetters, typisch für Patagonien, erwischte die Brauns mit voller Breitseite.

Perito-Moreno-Gletscher, Argentinien.

Nasse Feuerzeuge

Die Temperatur stürzte auf fünf Grad ab, der Wind presste das kühle Nass in Kragen und Ärmel der Regenjacken: „Nach fünf Stunden Dauerguss waren wir bis auf die Haut durchnässt, nirgendwo gab's Platz zum Zelten, da alles unter Wasser stand. Zu allem Überfluss hatten wir unser Gepäck aufgrund des erwarteten Traumwetters nicht regensicher verpackt. Somit wurden auch die Feuerzeuge nass. Das hieß: Keine Aussicht auf ein warmes Essen oder wenigstens einen heißen Kaffee." Petra und Volker waren unterkühlt. Und froh, als sich ein Autolenker erbarmte, sie zur nächsten Herberge zu kutschieren.

Eigentlich gab's nun keinen Grund mehr, die Strecke von El Calafate über Rio Gallegos nach Ushuaia noch zurückzulegen. Die Pampa ist mehr als monoton und meist stürmischen und kalten Winden ausgesetzt. Aber die Weltreisenden hatten es sich in den Kopf gesetzt, bis ans „Ende der Welt" zu RADELN: „Das ziehen wir jetzt durch", lautete die einstimmige Devise zweier Harmonie-Abenteurer.

Gefühlswirrwarr

Ein paar Tage später mussten sie noch eine Mitfahrgelegenheit in Anspruch nehmen: „Der Wind war an diesem Tag so stark, dass wir auch stehend radelnd nicht mal Fußgängertempo erreichten. Dazu versetzten uns die Windböen immer wieder zur Straßenmitte hin – viel zu gefährlich bei dem Verkehr." Die letzten Tage hatten Petra und Volker endlich Glück mit dem Wetter und schafften es, mit ihren Freunden Georg und Anke, die seit sieben Monaten mit ihren Motorrädern durch Südamerika reisten, gemeinsam Weihnachten und den Abschluss ihrer außergewöhnlichen Reise zu feiern. Bei der Ankunft in Ushuaia standen den Reichenhallern Tränen in den Augen: „Ein schwer in Worte zu fassendes Gefühlsdurcheinander."

Erleichterung machte sich breit: „Dass uns in der Vergangenheit kein mexikanischer Verkehrsrowdy über den Haufen gefahren hatte, wir trotz hunderter Zeltnächte keinem Überfall – wie einige andere – zum Opfer gefallen waren und uns natürlich die Gesundheit, das Wichtigste auf Reisen, nicht im Stich ließ." Zum Wegfall der Last gesellte sich Stolz: „Dass wir diese irre Reisedistanz mit unseren schwerbepackten 50-Kilo-Rädern aus eigener Kraft bewältigen konnten." In kalten Campingnächten bis zu minus 15 Grad im Hochland der Anden, drückender Hitze bis zu 40 Grad in El Salvador, dünner Luft in Höhen bis 5.000 Meter in Peru, nervigen Mückenschwärmen und Bärenbegegnungen in Kanada und zermürbenden Windverhältnissen in Patagonien war es für die Traumerfüller nicht immer leicht, die Motivation bis zum letzten Kilometer hochzuhalten.

Doch mit der Ankunft in Fin del Mundo („Ende der Welt" = einheimische Bezeichnung der Region um Ushuaia) schien auch das allerletzte Reserve-Fünkchen zum Radfahren erloschen: „Wir erfüllten uns unseren Traum. Für

Magische Marke auf der Carretera Austral, Chile.

die anfängliche Idee, noch weiterzufahren, war in unseren Köpfen kein Platz mehr. Wir hatten so viel gesehen und erlebt, dass wir uns auf den Rädern keine Steigerung mehr vorstellen konnten. Vielleicht ist da ja bald Raum für neue Träume."

75.000 Kilometer über vier Kontinente

Petra und Volker Braun spürten Erleichterung, die Räder endlich in die Ecke stellen zu dürfen und nicht mehr hinter irgendwelchen Büschen nach Übernachtungsplätzen suchen zu müssen. Sie hatten die Nase vom ständigen Auf- und Abbauen ihres Zeltes gestrichen voll und wollten einfach bleiben. Jetzt. Von den letzten elf Jahren saßen sie über vier im Sattel, waren gut 70.000 Kilometer durch Amerika, Asien, Europa und Afrika gestrampelt: „Wir fühlten uns satt, voller Reise-Erlebnisse und Geschichten, freuten uns jetzt nur noch auf Zuhause und darauf, das alles zu verarbeiten." In diesem Buch, in Lichtbilder-Vorträgen im Winter 2012/13.

Den Wert einer solchen Reise lediglich an erbrachten Kilometer- oder Geschwindigkeitsleistungen zu bemessen, würde freilich nur ein stark eingeschränktes Bild vermitteln: „Für uns war es das ständige Draußensein in der Natur, die Freude an der eigenen Bewegung, die Möglichkeit, sich frei und unabhängig den großartigsten Landschaften auszusetzen." Und Petra setzte als Gipfel drauf: „Es ist das Erleben von Grenzsituationen." Die Begegnung mit Menschen, das Erleben fremder Kulturen gerade in den so genannten Dritte-Welt-Ländern, das Staunen über den sozialen Zusammenhalt dort: „Dinge, von denen wir und unsere ach so zivilisierte Welt noch einiges dazulernen können."

Inspiration fiel leicht

Es fiel nicht schwer, als Radreisender den Kopf frei zu bekommen. „Weil wir uns aufs Wesentliche, aufs Elementare konzentrieren mussten: Wo finden wir einen Schlafplatz? Wo finden wir etwas zu essen und zu trinken? Wir erhielten Abstand vom Alltag daheim und konnten uns leichter inspirieren lassen. Von neuen Ideen."

Bergdorf, Peru.

„Manchmal verfluchten wir das Radeln."

26. Etappe: Umziehen zu Hause

Habt Ihr Zukunftssorgen?

Natürlich machen wir uns Gedanken um die Zukunft. Dass unsere zu erwartende Rente nicht der Knaller wird, wissen wir schon. Wichtiger als die Sorge um die Altersvorsorge ist für uns die Frage der Gesundheit, denn die ist nicht selbstverständlich.

Was würdet Ihr ändern, hättet Ihr einen Tag lang die Macht, etwas auf dieser Welt zu ändern?

Wir würden dafür sorgen wollen, dass alle Menschen genug zu essen haben, jegliche Grundbedürfnisse erfüllt sind und niemand mehr auf einer Mülldeponie leben muss.

Sollte es nach einer Eurer längeren Reisen einmal nicht mehr klappen, dass Ihr Jobs in Euren erlernten Berufen findet: Würdet Ihr andere Tätigkeiten ausüben beziehungsweise annehmen?

Warum nicht. Wir könnten uns auch vorstellen, eine Pommesbude zu eröffnen oder einen Campingplatz zu übernehmen. Sollten wir mal nichts Entsprechendes in unseren Berufen oder etwas anderes Ansprechendes bekommen, müssten wir in den sauren Apfel beißen und das nehmen, was zur Verfügung steht. Und das würden wir dann auch machen.

Dorfleben, Peru.

Quälen Euch keine Bedenken, überhaupt wieder Arbeit zu finden? Auch Arbeit, die Euch halbwegs zufriedenstellt.

Als Altenpflegerin kann ich recht sorgenfrei in die Zukunft schauen. Ich *(Volker)* habe eigentlich jedes Mal damit gerechnet, nichts in meinem Beruf als Sozialpädagoge zu bekommen. Es ging aber trotzdem immer gut.

Habt Ihr echte Hobbys?

Natürlich in erster Linie das Reisen. Dazu Skibergsteigen, Mountainbiken, Kanufahren. Ich *(Volker)* mache noch gern Langlauf und ich jogge auch.

Warum habt Ihr auf Euren Reisen bislang lieber analog fotografiert?

Das hatte ganz einfache Gründe: Erstens besaßen wir eine gute analoge Ausrüstung. Dazu einen neuen Dia-Überblendprojektor. Wir wollten vor dieser letzten Tour nicht wieder alles neu kaufen. Daheim fotografieren wir kaum. Insgesamt hat es auch mit meiner *(Volker)* Unlust zu tun, sich mit neuen technischen Dingen auseinanderzusetzen. Womöglich war es auch die letzte große Reise, wer weiß – zumindest die letzte große Radtour.

Wie oft habt Ihr den Auslöser Eurer Kamera gedrückt?

Zirka 3.000-mal.

Volker friert's, Hochland Peru.

Ab Costa Rica digital ...

... weil uns der analoge Fotoapparat samt Film mit etlichen wertvollen Aufnahmen geklaut wurde. Wir mussten uns schweren Herzens eine digitale Kamera zulegen und haben jetzt „geteiltes" Bildmaterial, analog und digital.

Ihr habt einmal eine DVD mit Bildern mit der Post nach Hause geschickt.

Eine einmalige Aktion, denn das hatte 24 Euro gekostet. Uns war klar, dass wir das nicht noch einmal machen würden.

Die Alaska-Feuerland-Tour, fast 29.000 Kilometer, war – wie Ihr sagt – womöglich Eure letzte große Reise. Warum denkt Ihr momentan so?

Mit dem Fahrrad war es – so fühlen wir es jetzt – die letzte große Tour. Das haben wir lange genug und ausgiebig gemacht. Diese Reise wird auch noch lange in unseren Köpfen frisch bleiben. In unserer Vorstellung sind große Touren momentan erst mal ganz weit weg. Es kribbelt noch nicht wieder. Vielleicht dauert es sogar Jahre, bis wir wieder weg wollen ... – bis wir wieder aufbrechen und los müssen.

Die vermeintlich letzte Tour fiel kürzer als geplant aus.

Das stimmt so nicht. Wir hatten uns einen Ankunftskorridor zwischen Dezember 2012 und März/April 2013 zum Ziel gesetzt. Wir erreichten diesen zu Beginn des geplanten Rahmens. Das war auch in Ordnung so. Wir hatten uns irgendwann schon sehr auf daheim gefreut, wollten endlich ankommen. Und Dezember war ein guter Zeitpunkt, um Ushuaia zu erreichen.

Reinhold Messner hat oft davon gesprochen, dass ein Ziel in jenem Moment, da es erreicht ist, stark an Reiz verliert, mitunter sogar langweilig wird. Denn es sei ja dann erreicht und demnach kein Ziel mehr. Als er auf dem Mount Everest stand, gab es für ihn kaum so etwas wie Gipfelglück, da es schlagartig nur noch darum ging, heil wieder runterzukommen – und das war schwieriger als der Aufstieg. Wie geht es Euch, wenn Ihr Ziele erreicht habt?

Als wir in Ushuaia ankamen, waren wir wirklich glücklich, zufrieden, auch stolz und nicht zuletzt erleichtert, dass alles gut gegangen ist. Es war jedoch tatsächlich so, dass dieses Gefühl nicht endlos anhielt und sich bald eine gewisse Leere einschlich.

Wie ging es Euch mit dieser Leere?

Auch wenn das Bedürfnis zu reisen nach der Panamericana auf dem Nullpunkt war – also 2013 wollten wir auf gar keinen Fall in den Urlaub fahren – füllten wir diese Leere mit anderen Dingen. Petra war da ganz schnell. Ich saß am dritten Tag nach unserer Rückkehr in der Küche und vernahm plötzlich ein verdächtiges Geräusch aus dem Schlafzimmer. „Oh Gott, Petra reißt die Tapeten von den Wänden und will einen neuen Fußboden." Endlich froh, zu Hause zu sein und einen festen Schlafplatz zu haben, zogen wir in den ersten zwei Wochen dreimal um – in unseren eigenen vier Wänden. Wir mussten ständig die Möbel umstellen. Ich *(Volker)* hab immer auch sportliche Ziele. Reiseträume werden sich vielleicht wieder einstellen. Wir brauchen einfach Zeit, um eine solche Tour zu verarbeiten.

Wann habt Ihr diese Reise dann eigentlich so richtig verarbeitet? Ein Stück weit schon während der Tour?

Nein, erst daheim konnten wir das alles richtig sacken lassen. Während der

Reise kamen ständig so viele neue Eindrücke hinzu. Zu Hause fiel dann alles von uns ab und wir kamen zur Ruhe.

Ist während Eurer Reise eigentlich mal ein heimischer Journalist auf Euch aufmerksam geworden und hat Euch sogar mal interviewt?

Ja, das ist mehrfach passiert: Zum Beispiel in Ushuaia, am südlichsten Punkt, als wir die Räder hochhoben, war ein Reporter von „Clarin", Argentiniens größtem Tagblatt, auf uns zugekommen. Er schoss Bilder und wollte einen Bericht über uns schreiben. Auf eine Kopie des Artikels warten wir aber bis heute. Auch in Indien wollten sie ein Interview mit uns führen. Wir lehnten ab, weil sie unsere Einstellung zu Land und Leuten sowieso nicht gedruckt hätten – der Inder ist hochgradig eitel. Lügen wollten wir allerdings nicht.

Welche Fragen wurden Euch daheim am häufigsten gestellt – vor und nach der Reise?

Kurioserweise wussten nach der Tour viele Freunde ganz verlegen gar nicht, was sie uns jetzt spontan fragen könnten. Auf die banale Frage „Wie war's?" können wir nach so einer Reise ohnehin nicht in einem Satz antworten. Das wussten sie wohl. Zu unseren Freunden hatten wir regelmäßig Kontakt per Mail, somit wusste der engste Kreis auch immer ganz gut Bescheid. Während der Reise waren die meist gestellten Fragen: Wie könnt Ihr Euch das überhaupt leisten und wie viel kostet das alles? Wie schafft Ihr es, auf so engem Raum (Zelt) in einem so langen Zeitraum miteinander klarzukommen? Und: Wie viele Kilometer fahrt Ihr am Tag?

Alles Fragen, die Ihr weder kurz und knackig noch pauschal beantworten könnt. Ausführliche Antworten dazu gabt Ihr jedoch dankenswerterweise in diesem Buch.

So ist es.

Pure Schikane.

Schluss-Etappe: Daheim ist's doch am schönsten

Am 11. Januar 2013 waren Petra und Volker nach 20 Monaten via Buenos Aires und Barcelona Richtung Deutschland zurückgeflogen und gut 27 Stunden später dort angekommen. Petras Bruder Joachim empfing sie am Frankfurter Flughafen.

Melancholie auf der Türschwelle

Knapp zwei Wochen später, am 23. Januar, landeten die Rad-Abenteurer in einer Germanwings-Maschine aus Köln kommend bei Wintertraumwetter mit strahlend blauem Himmel in Salzburg. Umarmungen, Tränen, Emotionen,

Gelandet! Am 23. Januar 2013, 13.47 Uhr, war das Abenteuer beendet.

Überschwang mit Helge Schöbel, dem guten Freund, am Fuße des Gaisbergs. „Das ist schon unglaublich, nach so langer Zeit zurückzukommen." In Volkers ersten Worten, als er sein Haus in der Berchtesgadener Straße nach exakt 651 Tagen wieder betrat, klang eine ordentliche Portion Melancholie. Es war ein Mittwoch, wie bei der Abreise am 13. April knapp zwei Jahre zuvor. „Endlich wieder daheim." Kein stürmisches Ankommen, stattdessen ein langsames, fast bedächtiges Wiederentdecken der eigenen vier Wände. „Hier ist ja alles so, wie wir es verlassen haben."

Kaum daheim gab es erst mal ...

Petra kocht gleich Kaffee, jeder Handgriff sitzt, als wäre sie nie weg gewesen. Alle „Veränderungen" spielten sich rund ums Haus ab: „Unglaublich, wie alles gewachsen ist." Volker freut sich einfach, wieder daheim zu sein: vertraute Umgebung, Essen machen auf vier Herdplatten statt über einer spärlichen Campingkocher-Flamme, das eigene Bett, ausstrecken ohne Ecken und Kanten, auf weichem Untergrund. „Die Freunde wieder sehen, das ist schon etwas ganz Besonderes", Petra kann die feuchten Augenwinkel nicht verhindern - und das will sie auch gar nicht. „Ich freue mich so aufs Renovieren und Umbauen." Die eigenen vier Wände bekamen bald ein neues Gesicht.

... richtig guten Kaffee im Hause Braun.

Kein Räder-Blick mehr

Volker verlor viel Gewicht: „Aber seit unserer An-kunft am 24. Dezember in Ushuaia hat er schon wieder sieben Kilo zugelegt." Petra freut sich. Denn: „Er war teilweise schon recht ausgemergelt." Seit Weihnachten 2012 waren sie wochenlang „nur noch bewegungsfaul" und reduzierten ihre seitdem weit umfangreicheren Mahlzeiten lange nicht. Die Räder blieben bei Petras Eltern in der Nähe Neu-wieds, Rheinland-Pfalz: „Wir konnten sie einfach nicht mehr sehen."

„Daheim ist's halt doch am schöns-ten", wirkt vor allem Petra erleichtert, dass sie mit ihrem Volker alles gut überstanden hat. Sie suchen nicht nach einem Platz zum Aussteigen, zum Auswandern. Sie wollen einfach etwas von der Welt sehen. „Wir haben auch diesmal keinen Ort entdeckt, der uns so gut gefallen hätte, um für im-mer dort zu leben."

Vor dem Haus wurde der Garten inspiziert: „Schau mal, wie der Buchs gewachsen ist."

Erst mal daheim sein

In den ersten Wochen nach dem Ankommen und Auspacken entwickelten sie echten Hunger: nach umräumen, genießen, wohlfühlen, ruhen, wieder sämtli-che Annehmlichkeiten daheim auch neu kennenlernen, Jobs suchen, einfach leben, im Berchtesgadener Land. Ein neues Reiseziel war im Sommer 2013 noch nicht in Sicht ...

Härteprüfung Verlängerung: „Hell of Thunder" statt „Silent Garden"

Vielleicht wäre alles nicht so schlimm, wenn es noch andere Möglichkeiten des Rückzugs gäbe. Die haben wir als Radler nicht. Aus diesem Grund sind wir darauf angewiesen, uns zu entspannen, wo es geht, um das Chaos des Tages gut zu überstehen. Es ist diversen Herbergen Indiens von außen allerdings nicht anzusehen, was einen dort nachts erwartet.

Wir entschieden uns 2001 für ein offenbar ruhiges Hotel in einer Seitenstraße. Zu nachtschlafender Zeit wurde es von einem Reisebus samt Inhalt heimgesucht. Die Touris machten sich kakerlakenähnlich, ohne jede Rücksicht, lautstark im Hotel breit. Mit Saris, Tüchern und anderen wilden Kleidungsstücken maskiert, liefen sie die Gänge rauf und runter, schnatterten unentwegt und gaben erst Ruhe, nachdem sie, einem Heuschreckenschwarm gleich, ratzeputz ihr Abendessen verdrückt hatten.

Wenn nachts die Geschäftsreisenden, um Geld zu sparen, zu acht in einem Zimmer liegen müssen oder wollen, beginnt die nächtliche Bettschieberei. Und am Morgen verbringen sie unendlich viel Zeit vor dem Spiegel, polieren ihre aalglatten Visagen auf Hochglanz, dazu prusten, rotzen und blasen sie ihre Nasen und Rachen frei und erfreuen sich an einem gut funktionierenden Stuhlgang. Das ist Indiens gehobene Mittelschicht – wie ich *(Volker)* diese Arschlöcher hasse.

Und dann die Mittelklassehotels: Meist die besten Häuser am Platze. Pompöse Eingangshallen wie in Luxushotels, Unmengen an Bediensteten, die einem zwischen den Füßen rumlaufen. Nach Trinkgeld hechelnd, umschwärmten sie uns und versuchten alles, um unsere Aufmerksamkeit zu erregen und uns das Gefühl zu vermitteln, wie ach so wichtig ihnen unser Wohlergehen ist.

Wenn wir ein neues Zimmer beziehen, kommt es urplötzlich zu einer, aus objektiver Sicht, überflüssigen und geschäftigen Hektik unter dem Personal. Es werden unzählige Arbeiten in und um das Zimmer herum verrichtet, die längst hätten vorher erledigt werden können. All das zielt lediglich darauf ab, Trinkgeld aus uns zu pressen. Sie bringen Handtücher, beziehen das dreckige Bett neu – Inder essen gerne im Bett –, beschaffen Seife, geben die Schließung des Restaurants bekannt, bringen die Speisekarte vorbei, geben die Öffnung des Speiselokals bekannt ... Sie lassen ihrer Fantasie freien Lauf. Das nervt auf Dauer unglaublich. Hatten wir sie erst mal im Zimmer und erlebten ihre erwartungsvollen Anstalten um ein Trinkgeld – was bei brauchbarer Unterstützung durchaus angebracht gewesen wäre – war es schwer, sie wieder loszuwerden. Doch sie standen meist nur im Weg und vergaßen selbst die einfachsten Bestellungen.

Die Inder geben ihren Unterkünften schmeichelhafte Namen wie „Freedom Lodge" oder „Peaceful Home". Originell ist auch „Silent Garden". Sie müssten eher „Hell of Thunder", „Endless Noise" oder „Devils Headache" heißen.

Der Morgen hatte den Vorteil, dass wir in Ruhe die Fahrradtaschen aus dem Zimmer zum Rad tragen konnten. Dort lauerte meist schon einer der Angestellten, weil er uns bereits kommen sah. Er tat urplötzlich so, als würde er schon längere Zeit unsere Fahrräder gründlich putzen – freilich in der Hoffnung auf ein stattliches Trinkgeld. Als wir losfuhren, flogen wir beim ersten Treten in die Pedale fast über den Lenker, weil das Personal nachts an der Schaltung rumgespielt hatte.

Am Abend, als wir die Hotels erreichten, rissen sie uns die Fahrradtaschen aus der Hand. Dabei knickten sie mit ihren dünnen Dackelbeinen des Öfteren weg, weil sie in Petras Taschen nicht derart viel Gewicht erwarteten.

Bearbeitet aus Volkers Reisetagebuch

Hoffnung

„Wir hoffen, wir konnten die Leserinnen und Leser mit unseren Erlebnissen ein wenig mit auf die Reise nehmen. Und wenn wir dazu beige-
tragen haben, SIE zu ermutigen, sich einen Lebenstraum zu erfüllen …
– ja, dann hat es sich schon gelohnt. Wichtig ist nur, zu beginnen, denn
dann ist der schwerste Teil geschafft."

Petra und Volker Braun

Auf dem Salar, Bolivien.

Besenwagen: Down Down Under

„Distance to SYD 1505 Miles" steht auf dem kleinen Bildschirm auf der Rückseite des Sitzes vor mir. Zehn Kilometer über Down Under schwebe ich mit gut 850 mir fremden Passagieren in einem innen nahezu lautlosen Airbus A 380-800 bei leichten Turbulenzen Richtung Sydney. Wow! Jene Stadt mit dem vielleicht berühmtesten Opernhaus der Welt, jene Metropole, in der im September 2000 Olympische Sommerspiele stattfanden. Nochmal Wow.

Cape Farewell an der Golden Bay, ganz im Norden der Südinsel.

Der küstenfern nur dünn besiedelte fünfte Kontinent schickt kaum Licht zu uns, nach oben. 2.31 Uhr. Schon elf Stunden sitze ich zwar bequem, aber eben elf Stunden, in Minuten 660, die für körperliches Unbehagen sorgen: Einfach nur ausstrecken, das wär's. Jetzt.

Es ist Tag zwei meiner „kleinen" Weltreise, meiner ersten echten Weltreise. Weit zwar, weiter geht's kaum, aber doch klein, weil es nicht auch in andere Destinationen geht, sondern eben „nur" nach Neuseeland. Naturwunder zwischen Tasmansee und Südpazifik. Zwei Inseln, ein Land, zwei Sprachen, eine Nation: Heute. Gefühlswirrwarr: Für mich.

Europa war weitgehend abgegrast. Es musste etwas anderes sein. Neulanderkundung. Neuseeland. Kurioserweise ist es jetzt, im Februar 2011, nicht

Australien, das Wunschland. So viele Jahre. Zahllose Bildbände im Schrank. Verstaubt. Das Land der Koalas und Kängurus muss noch warten. Ziel meiner Odyssee – alles, was bislang länger als drei Stunden Flug bedeutete, kam einer Tortur gleich – ist Maori-Land: Down Down Under. Sozusagen.

Mein kleiner digitaler Freund vor mir weist den Uluru aus: Heiliger Berg der Aborigines. Europäer kennen ihn (fast nur) als Ayers Rock. Ein „paar Kilometer nördlich" ist er. Jetzt. Ich sitze auf der richtigen Seite, um den sagenumwobenen Arkose-Sandstein-Koloss zu sehen. Es ist stockfinster.

Frühstück im Anmarsch. 2.36 Uhr. Mein Organismus spielt verrückt. Stundenlang gab's nichts. Nichts Festes, nichts Flüssiges. Die über 30 Bord-Helferlein legten sich in ihre Kojen. Gleichzeitig. Kaum habe ich das kleine Notebook meines Sohnes rausgeholt, um die ersten Eindrücke festzuhalten, setzt wieder das volle Programm ein: Ein heißes Feuchttuch, tut gut, schwarzer Tee ohne alles, ein nacktes Croissant. Unerwartet frisch und unerwartet überhaupt.

Abel-Tasman-Nationalpark (Südinsel).

US-Schauspielerin Amanda Seyfried erhielt als „Julia" vor zwei Stunden „Briefe". Das visuelle Angebot ist unüberschaubar. Emotional, berührend, kurz vergaß ich, was hier eigentlich gerade los ist: Ich sorge im größten Passagierflugzeug der Welt mit allen anderen Passagieren samt Crew gerade für einen ökologischen Supergau. Ist es mein Drang, die Welt kennenzulernen? Sehen und verstehen zu lernen? Und derartiger Umweltfrevel unvermeidbar? Schwierige Fragen, keine Antworten. Ist es meine unverschämte Leidenschaft für die Fotografie? Die Suche nach mehr als nur gutem Licht!? Wohl auch.

Fest steht für mich nach wie vor: Es kann nicht immer nur der Watzmann samt Königssee, Naturgeschichte im Ainringer Moor oder die Festung Hohensalzburg, grandioser Stadtblick inklusive sein. Heimat. Ja. Aber der Tellerrand ist so nah. Es zieht mich raus, gewaltig, weiter, viel weiter. Ich komme nicht dagegen an. Dabei weiß ich ganz genau, wie sehr nach spätestens einer Woche die Sehnsucht steigt. In mir. Nach meiner kleinen Familie, nach Geborgenheit, menschlicher Wärme, der eigenen Wohlfühl-Oase. Und wenn es das eigene Bett, das eigene WC ist. Vorteilsbeladen, alles. Die gewohnte Umgebung,

Archway Islands, Tasman Sea.

Freunde, Hobbys, ja auch der Job: Anstrengend und zeitraubend, nervig oft, abwechslungsarm mitunter, wichtig natürlich, unverzichtbar eben.

Diesmal würde es womöglich noch viel schlimmer kommen. Das erste Mal bin ich auch von Eva und Luca, meinem mittlerweile Zehnjährigen, richtig, heißt mehr als sieben Tage, getrennt. Vor Jahren, 2001, als er im Januar zur Welt kam, wollte ich im Sommer kurzentschlossen Irland kennenlernen. Endlich (m)einen europäischen Traum ERleben. Eigensinnig, ja. Aber: Die eine Woche von damals war ein Fingerschnipper zu dem, was mir, als ich nach 23 Stunden reiner Flugzeit bei 34 Grad vor den Ankunftsterminal des Airports Auckland trat, bevorstand. Freilich selbstauferlegt: Vier Wochen am Rockzipfel Australiens, wie die Fünftkontinentler ihren sehenswerten Nachbarn früher schon mal gerne abfällig betitelten. Das ist lange her. Mittlerweile besuchen sie selbst gerne Nord- und Südinsel, genießen die Weite, schätzen die vor ihnen ausgebreitete Natur. Verschwenderisch ausladend. Noch so fast unbegrenzt, so gnadenlos vorhanden. Obwohl sie das selbst alles haben. Im Überfluss. Allerdings nicht so kompakt, nicht so rasch so stark wechselnd, und im Vergleich nicht auf relativ kurzen Wegen erreichbar wie vom North bis zum South West Cape, von der Bay of Island bis Stewart Island, von Cape Reinga bis Bluff ... – gut 2.000 Kilometer reinstes Staunen, klarstes Fühlen. Das Ankommen erfahren, das Aufleben spüren, das Sein erkennen, die Ruhe erleben, das Bleiben ertragen.

An türkisblauen Flüssen verweilen, in Zahnpastafarben-schimmernde Seen abtauchen, oft geheimnisvoll verschlungen, in gewaltige Hochgebirge steigen und in den sanfteren Kollegen auswandern, durch dichte Urwälder streifen, in weiten, kargen Steppen den Blick streifen lassen – vor allem auf der Süd-insel Neuseelands begeistern permanente Landschaftswechsel den Reisenden: Im vulkanreichen Norden dampft's vielerorts heiß-schweflig aus der Erde, an Irland erinnert der Anflug auf Auckland und lässt eher eine Landung in Dublin vermuten. Gebirgszüge wie in der Schweiz, sanfte Toskana-Hügel, norwegische Fjorde, Hochebenen und verträumte Ortschaften wie in den Weiten der USA, schwedische Riesenwälder, Küstenabschnitte, die karibisch anmuten – nur alles weiter, größer, gewaltiger.

Neuseeland, mein Ziel. Allein niemals. Solo reisen, eine Ein-Mann-Show, tut mir letztlich nicht gut. Wenngleich die damit verbundene Unabhängigkeit ei-nen nicht zu unterschätzenden Vorteil in sich birgt. Dennoch will ich derart feine Erlebnisse teilen. Sofort, unmittelbar und unverfälscht. Ohne Unter- oder Übertreibungen, die schon nach wenigen Tagen aufkeimen. Lebendig in der Erinnerung. Robert, ein Tischtennis-Spezl (= bayerisch für Freund), hat mich Anfang Oktober 2010 einfach, fast beiläufig gefragt, ob ich nicht mitkommen wolle. Kurzentschlossen. Er besuche seine Freundin. Aber auch nur ungern allein. Sie lebte ein Jahr in Wanganui, Nordinsel, zum Arbeiten und Lernen.

Meine Überlegung war von kurzer Dauer. Eva gab mir grünes Licht und da-mit unschätzbare Freiheit. Buchung des Fluges: Formsache. Vier fantastische Höhepunkt-Wochen sollten kurze Zeit später vor mir liegen. Voller ERleben ...

Hans-Joachim Bittner

White Island.

Stimmen

Stefan Scheuerl
*evangelischer Pfarrer (48) aus Lauben im Allgäu,
lernte Petra und Volker in Tansania kennen*

Von 1996 bis 2003 lebte ich mit meiner Familie in Kibaya, im Massailand, und war als Pfarrer für eine riesige Steppen-Gemeinde der evangelischen Kirche Tansanias zuständig.

Zeit in Afrika: Stefan Scheuerl mit seiner Familie.

Nach mehreren Jahren Massai-Steppe gönnten wir uns einen Strandurlaub in einem etwas abgelegenen Hotel in Sansibar. Dort lernten wir Volker und Petra Braun kennen. Sie hatten damals schon endlose Fahrrad-Kilometer quer durch Afrika hinter sich und mussten gerade eine neue Felge für eines ihrer Fahrräder besorgen. Spontan lud ich sie ein, doch auch bei uns in Kibaya, vorbeizukommen. Wir staunten nicht schlecht, als die beiden tatsächlich ein paar Wochen später vor der Tür standen. Von den 200 staubigen Kilometern nach Ende der Teerstraße hatten es vor allem die letzten 70 Kilometer in sich: Echte, trockene Massai-Steppe mit viel Sand und allerhand wilden Tieren – von denen die beiden nichts wussten.

Von unseren gemeinsamen Unternehmungen blieb mir vor allem unser gemeinsamer Dauerlauf zu einem kleinen Stausee bei Partimbo in Erinnerung. Die beiden liefen mit Sandalen, waren aber fit wie Turnschuhe. Zitat Volker über sein Sozialpädagogik-Studium: „Also, so viele strickende Männer wie bei mir im Studium habe ich nie wieder gesehen.“

Ute und Helge Schöbel
befreundetes Paar von Petra und Volker

Wir kennen Volker und Petra jetzt seit über 18 Jahren. Obwohl wir völlig unterschiedliche Lebensmodelle haben, hat sich über die vielen Jahre hinweg eine innige, absolut vertrauensvolle Freundschaft entwickelt. Wir bewundern an den beiden

Ute und Helge Schöbel

die Konsequenz, mit der sie seit fast zwei Jahrzehnten ihren Lebensplan verwirklichen. Dabei sind sie dennoch immer bodenständig ihrem Zuhause und ihren Freunden verbunden geblieben. Das Band zwischen uns und ihnen ist nie abgerissen – egal, wie weit oder wie lange sie auf Reisen waren.

Fazit

Alle Radreisen von Petra und Volker

1999	Malawi (Ostafrika)	1.500 Kilometer
2001	Madagaskar, Mosambik, Simbabwe, Sambia, Tansania, Kenia	4.600 Kilometer
2002	Nepal, Indien (mit Trekking zu den Achttausendern Mount Everest, Annapurna und Cho Oyo (bis auf 5.500 Meter)	4.840 Kilometer
2005	USA, Kanada	11.200 Kilometer
2005/06	Thailand, Kambodscha, Laos, Malaysia	7.380 Kilometer

Cordillera Huagaruncho, Peru.

2006	Deutschland, Österreich, Tschechien, Polen, Litauen, Estland, Lettland, Finnland, Norwegen, Schweden, Dänemark	12.080 Kilometer
2009	Sardinien	1.200 Kilometer
2010	Korsika	1.100 Kilometer
2011	Deutschland, Österreich, Tschechien	1.950 Kilometer
2011/12	Alaska-Feuerland (USA, Kanada, Mexiko, Guatemala, El Salvador, Nicaragua, Costa Rica, Panama, Kolumbien, Ecuador, Peru, Bolivien, Argentinien, Chile)	28.900 Kilometer

gesamt 74.750 Kilometer in 42 Ländern

Rathaus in Bad Reichenhall, der Heimatstadt des Autors.

Der Autor

Hans-Joachim Bittner, Jahrgang 1970, reist selbst. Für sein Leben gern. Allerdings „noch" nicht in derart exponierter Weise wie Petra und Volker. Bislang brachte es der gebürtige Traunsteiner auch „erst" auf 24 Länder, wobei ihn Neuseeland und Irland am meisten beeindruckten. Seine letzten Reisen gestaltete er allerdings auch schon individuell ohne große Vorausplanungen. All-Inklusive-Bunker sind nicht seine Welt, getimte Busreisen ebenso wenig, Campen in der Wildnis allerdings auch nur noch im Notfall: „Die tägliche Dusche ist schon etwas Herrliches."

Nichtsdestotrotz reizt ihn auch die „Wildnis" fernab jeglicher Zivilisation. Sicherheits- und Kontrolldenken schwanden mit zunehmender Fortdauer der stets angenehmen, harmonischen und engmaschigen Zusammenarbeit mit Petra und Volker. Das Trio hatte beim Arbeiten an „... fahr far away" viel zu Lachen, die Freude am Schreiben spiegelt sich in diesem Buch wider.

Der Fotograf und Redakteur zählt das Schreiben und „zeichnen mit Licht" zu seinen Leidenschaften. Er begleitete die Brauns während ihrer fast zweijährigen Reise 2011/12 durch Nord-, Mittel- und Südamerika journalistisch. Kurz vor ihrer Rückkehr entstand die Idee dieses Buches. Inspiriert wurde der Autor in erster Linie von Reinhold Messner (u.a. „Mein Leben am Limit" und „Mein Weg") und Andreas Altmann (u.a. „Sucht nach Leben" und „Gebrauchsanweisung für die Welt"). Auch deren ungeheuer bescheidenes Ziel ist es doch, jeden Tag weniger zu besitzen.

Hans-Joachim Bittner arbeitete bislang als Mediengestalter, Fotograf, Fotolaborant, Sport-, Kultur- und Lokal-Redakteur (Print und online) für Tageszeitungen und Internet-Medien. Seine Reportagen, Artikel und Bilder erschienen unter anderem in der Süddeutschen Zeitung, der tz München sowie im Magazin „360° Neuseeland". 1999 veröffentlichte er den Fotokalender „Berchtesgadener Land" und entwarf 2001 die Veranstaltungsbroschüre der Deutschen Ringer-Meisterschaft in Bad Reichenhall. „ ... fahr far away – Mit dem Fahrrad von Alaska bis Feuerland" ist sein erstes Buch.

Hans-Joachim Bittner ist verheiratet, hat einen Sohn und lebt mit seiner Familie in Bad Reichenhall im Berchtesgadener Land.

SIEGEREHRUNG

Danke möchte ich sagen ...

... meiner Familie, Eva und Luca: Euer Verständnis war Voraussetzung, dass der Papa 2013 noch mehr unterwegs sein und – wenn daheim – noch mehr Zeit vor dem Computer verbringen konnte, um dieses Buch-Projekt zügig umzusetzen.

... meinem guten Freund Peter Fröhlich: für all Deine Ideen und Tipps, Dein stets offenes Ohr und Deine ruhige und sachliche Bewertung der Dinge. Und nicht zuletzt für die inspirierenden Abende in der Angerer Pizzeria.

... meinem guten Freund Robert Rudolphi: für Deine gleichermaßen beeindruckende wie zeitraubende Unterstützung.

... Thomas Pfeilschifter von der Stadt Bad Reichenhall für die „bürokratischen Informationen" für „länger Reisende" und „Auswanderer".

... meinen Verlegern, Christine & Andreas Walter, für die unkomplizierte und rasche Bereitschaft, mein Buch zu verlegen, sowie die außerordentlich harmonische Zusammenarbeit.

... und nicht zuletzt den beiden „Hauptdarstellern" Petra und Volker Braun: Es erfüllt mich mit großer Zufriedenheit, dass Ihr Euch so rasch dazu entschlossen habt, die spontane Idee dieses Buch-Projektes zusammen mit mir umzusetzen – und das in kürzester Zeit.

Ohne Eure Hilfe und Unterstützung wäre dieses Buch nicht entstanden. Dankbar bin ich auch allen anderen, die mir geholfen, mich unterstützt und stets an mich geglaubt haben.

DANKE